Himmel in Blau

Himmel in Blau

Sommerliche Geschichten

Herausgegeben von
Hanns Frisch

Philipp Reclam jun. Stuttgart

RECLAMS UNIVERSAL-BIBLIOTHEK Nr. 18719

Umschlaggestaltung: Stefan Schmid Design, Stuttgart
Gesamtherstellung: Reclam, Ditzingen. Printed in Germany 2010

ISBN 978-3-15-018719-7

www.reclam.de

Inhalt

Vorwort

Sommer, Sonne, Ferienzeit: Was kann es Schöneres geben, als am Strand (oder wahlweise auch auf dem Balkon oder im Freibad) zu liegen – und bei drohender Entspanntheit, womöglich gar Langeweile sich eine Sammlung hübscher Geschichten zu Gemüte zu führen? Genau für solche Situationen auf der Reise oder zu Hause wurde dieser kleine (und deshalb naturgemäß ausgesprochen transportable) Band lust- und liebevoll zusammengestellt.

Zu nennen sind da etwa Sommer- und Feriengeschichten wie Ludwig Thomas ergötzlicher Lausbubenstreich, Alphonse Daudets Erzählung vom Weltmeister im Faulsein, René Goscinnys berückende Schilderung der Urlaubszielfindung der Eltern des kleinen Nick oder Fontanes Rückblick auf die Sommerfrische.

Doch muss es nicht immer Sonne und Ferienstimmung sein, die besungen wird: Mindestens ebenso hinreißend sind Siegfried Lenz' masurischer »Leseteufel« über die Faszination des Buches an sich, Wolfgang Borcherts »Schischyphusch«, eine Geschichte über den schönsten Tag im Leben des lispelnden Lieblings-Kellners seines ebenfalls lispelnden Onkels, oder die intelligent-unterhaltsamen »Neun Kürzestgeschichten« Heimito von Doderers.

Sommer und Langeweile können also kommen!

H. F.

SIEGFRIED LENZ

Der Leseteufel

Hamilkar Schaß, mein Großvater, ein Herrchen von, sagen wir mal, einundsiebzig Jahren, hatte sich gerade das Lesen beigebracht, als die Sache losging. Die Sache: darunter ist zu verstehen ein Überfall des Generals Wawrila, der unter Sengen, Plündern und ähnlichen Dreibastigkeiten aus den Rokitno-Sümpfen aufbrach und nach Masuren, genauer nach Suleyken, seine Hand ausstreckte. Er war, hol's der Teufel, nah genug, man roch gewissermaßen schon den Fusel, den er und seine Soldaten getrunken hatten. Die Hähne von Suleyken liefen aufgeregt umher, die Ochsen scharrten an der Kette, die berühmten Suleyker Schafe drängten sich zusammen – hierhin oder dorthin: worauf das Auge fiel, unser Dorf zeigte mannigfaltige Unruhe und wimmelnde Aufregung – die Geschichte kennt ja dergleichen.

Zu dieser Zeit, wie gesagt, hatte sich Hamilkar Schaß, mein Großvater, fast ohne fremde Hilfe die Kunst des Lesens beigebracht. Er las bereits geläufig dies und das. Dies: damit ist gemeint ein altes Exemplar des Masuren-Kalenders mit vielen Rezepten zum Weihnachtsfest; und das: darunter ist zu verstehen das Notizbuch eines Viehhändlers, das dieser vor Jahren in Suleyken verloren hatte. Hamilkar Schaß las es wieder und wieder, klatschte dabei in die Hände, stieß, während er immer neue Entdeckungen machte, sonderbare dumpfe Laute des Jubels aus, mit einem Wort: die tiefe Leidenschaft des Lesens hatte ihn erfaßt. Ja, Hamilkar Schaß war ihr derart verfallen, daß er sich in ungewohnter Weise vernachlässigte; er gehorchte nur mehr einem Gebieter, welchen er auf masurisch den »Zatangä Zitai« zu nennen pflegte, was soviel heißt wie Leseteufel, oder, korrekter, Lesesatan.

Jeder Mann, jedes Wesen in Suleyken war von Schrecken und Angst geschlagen, nur Hamilkar Schaß, mein Großvater, zeigte sich von der Bedrohung nicht berührt; sein Auge leuchtete, die Lippen fabrizierten Wort um Wort, dieweil sein riesiger Zeigefinger über die Zeilen des Masuren-Kalenders glitt, die Form einer Girlande nachzeichnend, zitternd vor Glück.

Da kam, während er so las, ein magerer, aufgescheuchter Mensch herein, Adolf Abromeit mit Namen, der zeit seines Lebens nicht mehr gezeigt hatte als zwei große rosa Ohren. Er trug eine ungeheure Flinte bei sich, trat, damit fuchtelnd an Hamilkar Schaß heran und sprach folgendermaßen: »Du tätest«, sprach er, »Hamilkar Schaß, gut daran, deine Studien zu verschieben. Es könnte sonst, wie die Dinge stehen, leicht sein, daß der Wawrila mit dir seine Studien treibt. Nur, glaube ich, wirst du nachher zersplieserter aussehen als dieses Buch.«

Hamilkar Schaß, mein Großvater, blickte zuerst erstaunt, dann ärgerlich auf seinen Besucher; er war, da die Lektüre ihn stets völlig benommen machte, eine ganze Weile unfähig zu einer Antwort. Aber dann, nachdem er sich gefaßt hatte, erhob er sich, massierte seine Zehen und sprach so: »Mir scheint«, sprach er, »Adolf Abromeit, als ob auch du die Höflichkeit verlernt hättest. Wie könntest du mich sonst, bitte schön, während des Lesens stören.« – »Es ist«, sagte Abromeit, »nur von wegen Krieg. Ehrenwort. Wawrila, dem Berüchtigten, ist es in den Sümpfen zu langweilig geworden. Er nähert sich unter gewöhnlichsten Grausamkeiten diesem Dorf. Und weil er, der schwitzende Säufer, schon nah genug ist, haben wir beschlossen, ihn mit unseren Flinten nüchtern zu machen. Dazu aber, Hamilkar Schaß, brauchen wir jede Flinte, die deine sogar besonders.«

»Das ändert«, sagte Hamilkar Schaß, »überhaupt nichts. Selbst ein Krieg, Adolf Abromeit, ist keine Entschuldigung für Unhöflichkeit. Aber wenn die Sache, wie du sagst, arg steht, könnt ihr mit meiner Flinte rechnen. Ich komme.«

Hamilkar Schaß küßte seine Lektüre, verbarg sie in einem feuerfesten Steinkrug, nahm seine Flinte und lud sich ein gewaltiges Stück Rauchfleisch auf den Rücken, und dann traten sie beide aus dem Haus. Auf der Straße galoppierten einige der intelligenten Suleyker Schimmel vorbei, herrenlos, mit vor Furcht weit geöffneten Augen, Hunde winselten, Tauben flohen mit panisch klatschendem Flügelschlag nach Norden – die Geschichte kennt solche Bilder des Jammers.

Die beiden bewaffneten Herren warteten, bis die Straße frei war, dann sagte Adolf Abromeit: »Der Platz, Hamilkar Schaß, auf dem wir kämpfen werden, ist schon bestimmt. Wir werden, Gevatterchen, Posten in einem Jagdhaus beziehen, das dem nachmaligen Herrn Gonsch von Gonschor gehörte. Es ist etwa vierzehn Meilen entfernt und liegt an dem Weg, den Wawrila zu nehmen gezwungen ist.« – »Ich habe«, sagte mein Großvater, »keine Einwände.«

So begaben sie sich, nahezu wortlos, zu dem soliden Jagdhaus, richteten es zur Verteidigung ein, schnupften

Tabak und bezogen Posten. Sie saßen, durch dicke Bohlen geschützt, vor einer Luke und beobachteten den aufgeweichten Weg, den Wawrila zu nehmen gezwungen war.

Sie saßen so, sagen wir mal, acht Stunden, als dem Hamilkar Schaß, der in Gedanken bei seiner Lektüre war, die Zehen derart zu frieren begannen, daß selbst Massage nicht mehr half. Darum stand er auf und sah sich um, in der Hoffnung, etwas zu finden, woraus sich ein Feuerchen machen ließ. Er zog hier was weg und da was, kramte ein bißchen herum, prüfte, ließ fallen, und während er das tat, entdeckte er, hol's der Teufel, ein Buch, ein hübsches, handliches Dingchen. Ein Zittern durchlief seinen Körper, eine heillose Freude rumorte in der Brust, und er lehnte hastig, wie ein Süchtiger, die Flinte an einen Stuhl, warf sich, wo er stand, auf die Erde und las. Vergessen war der Schmerz der Kälte in den Zehen, vergessen war Adolf Abromeit an der Luke und Wawrila aus den Sümpfen: der Posten Hamilkar Schaß existierte nicht mehr.

Unterdessen, wie man sich denken wird, tat die Gefahr das, was sie so besonders unangenehm macht: sie näherte sich. Näherte sich in Gestalt des Generals Wawrila und seiner Helfer, die, sozusagen fröhlich, den Weg heraufkamen, den zu nehmen sie gezwungen waren. Dieser Wawrila, ach Gottchen, er sah schon aus, als ob er aus den Sümpfen käme, war unrasiert, dieser Mensch, und hatte eine heisere Flüsterstimme, und natürlich besaß er nicht, was jeder halbwegs ehrliche Mensch besitzt – Angst nämlich. Kam mit seinen besoffenen Flintenschützen den Weg herauf und tat, na, wie wird er getan haben: als ob er der Woiwode von Szczylipin selber wäre, so tat er. Dabei hatte er nicht mal Stiefel an, sondern lief auf Fußlappen, dieser Wawrila.

Adolf Abromeit, an der Luke auf Posten, sah die Sumpfbagage herankommen; also spannte er die Flinte und rief:

»Hamilkar Schaß«, rief er, »ich hab' den Satan in der Kimme.« Hamilkar Schaß, wen wird es wundern, hörte diesen Ruf nicht. Nach einer Weile, Wawrila war keineswegs dabei stehengeblieben, rief er abermals: »Hamilkar Schaß, der Satan aus dem Sumpf ist da.« – »Gleich«, sagte Hamilkar Schaß, mein Großvater, »gleich, Adolf Abromeit, komme ich an die Luke, und dann wird alles geregelt, wie sich's gehört. Nur noch das Kapitelchen zu Ende.«

Adolf Abromeit legte die Flinte auf den Boden, legte sich dahinter und visierte und wartete voller Ungeduld. Seine Ungeduld, um nicht zu sagen: Erregung, wuchs mit jedem Schritt, den der General Wawrila näher kam. Schließlich, sozusagen am Ende seiner Nerven angekommen, sprang Adolf Abromeit auf, lief zu meinem Großvater, versetzte ihm – jeder Verständige wird's verzeihen – einen Tritt und rief: »Der Satan Wawrila, Hamilkar Schaß, steht vor der Tür.« »Das wird«, sagte mein Großvater, »alles geregelt werden zur Zeit. Nur noch, wenn ich bitten darf, die letzten fünf Seiten.« Und da er keine Anstalten machte, sich zu erheben, lief Adolf Abromeit allein vor seine Luke, warf sich hinter die Flinte und begann dergestalt zu feuern, daß ein Spektakel entstand, wie sich niemand in Masuren eines ähnlichen entsinnen konnte. Wiewohl er keinen von der Sumpfbagage hinreichend treffen konnte, zwang er sie doch in Deckung, ein Umstand, der Adolf Abromeit äußerst vorwitzig und waghalsig machte. Er trat offen vor die Luke und feuerte, was die ungeheure Flinte hergab; er tat es so lange, bis er plötzlich einen scharfen, heißen Schmerz verspürte, und als er sich, reichlich betroffen, vergewisserte, stellte er fest, daß man ihn durch eines seiner großen rosa Ohren geschossen hatte. Was blieb ihm zu tun? Er ließ die Flinte fallen, sprang zu Hamilkar Schaß, meinem Großvater, und diesmal sprach er folgendermaßen: »Ich bin, Hamilkar Schaß, verwundet. Aus mir läuft Blut. Wenn du nicht an die Luke gehst, wird der Satan Wawrila, Ehrenwort, in zehn Sekunden hier sein, und dann, wie die Dinge stehen, ist zu fürchten, daß er Druckerschwärze aus dir macht.«

Hamilkar Schaß, mein Großvater, blickte nicht auf; statt dessen sagte er: »Es wird, Adolf Abromeit, alles geregelt, wie es kommen soll. Nur noch, wenn ich bitten darf, zwei Seiten vom Kapitelchen.« Adolf Abromeit, eine Hand auf das lädierte Ohr gepreßt, sah sich schnell und prüfend um, dann riß er ein Fenster auf, schwang sich hinaus und verschwand im Dickicht des nahen Waldes.

Wie man vermuten wird: kaum hatte Hamilkar Schaß weitere Zeilen gelesen, als die Tür erbrochen ward, und wer kam hereinspaziert? General Zoch Wawrila. Ging natürlich gleich auf den Großvater zu, brüllte heiser und lachte, wie er das so an sich hatte, und dann sagte er: »Spring auf meine Hand, du Frosch, ich will dich aufblasen.« Das war, ohne Zweifel, eine Anspielung auf seine Herkunft und seine Gewohnheiten. Doch Hamilkar Schaß entgegnete: »Gleich. Nur noch anderthalb Seiten.«

Wawrila wurde wütend und zog meinem Großvater eine über, und dann fühlte er sich bemüßigt, so zu sprechen: »Ich werde dich jetzt, du alte Eidechse, halbieren. Aber ganz langsam.«

»Eine Seite nur noch«, sagte Hamilkar Schaß. »Es sind, bei Gottchen, nicht mehr als fünfunddreißig Zeilen. Dann ist das Kapitelchen zu Ende.«

Wawrila, bestürzt, beinahe nüchtern geworden, lieh sich von einem hinkenden Menschen aus seiner Begleitung eine Flinte, drückte den Lauf auf den Hals des Hamilkar Schaß und sagte: »Ich werde dich, du stinkende Dotterblume, mit gehacktem Blei wegpusten. Schau' her, die Flinte ist gespannt.« »Gleich«, sagte Hamilkar Schaß. »Nur noch zehn Zeilen, dann wird alles geregelt werden, wie es sein soll.«

Da packte, wie jeder Kundige verstehen wird, Wawrila und seine Bagage ein solch unheimliches Entsetzen, daß sie, ihre Flinten zurücklassend, dahin flohen, woher sie gekommen waren – dahin: damit sind gemeint die besonders trostlosen Sümpfe Rokitnos.

Adolf Abromeit, der die Flucht staunend beobachtet hatte, schlich sich zurück, trat, mit seiner Flinte in der Hand, neben den Lesenden und wartete stumm. Und nachdem auch die letzte Zeile gelesen war, hob Hamilkar Schaß den Kopf, lächelte selig und sagte: »Du hast, Adolf Abromeit, scheint mir, etwas gesagt?«

KURT TUCHOLSKY

Herr Wendriner in Paris

»Mohjn, Welsch! Na, wie gehts? Ja, wir sind wieder zurück. Seit vorgestern. Komm Se rein. Na, erst an der Riwjera und denn noch 'n kleinen Abstecher nach Paris. Wies war –? Gott ... wissen Se ... wissen Se: Paris is nischt ... manches ist ja schon faabelhaft. Nehm Se ne Zigarre –?

Also wie wir ankomm, regnets in Strömen. Ich denke: schon faul. Richtig: erst mußten wir zehn Minuten aufs Auto warten, der Kerl verstand erst nicht, na, dann gings. Ich hatte mir'n Zimmer reservieren lassen – Grang Hotel, ganz ordentlich. Na, und am nächsten Morgen sind wir dann los. Da hab ich meiner Frau mal Paris gezeigt. Nee, ich war vorher noch nicht da. Na, also die Buhlewars – ein faabelhafter Autoverkehr, na, unerhört. Da stehn die Autos man immer so in sechs, acht Reihen. Das ist schon imponierend. Und fahren tun die Kerls –! Man denkt immer, sie wern einen überfahn, oder man wird umkippen. Kippt aber keiner. Regierer war übrigens auch in Paris – wir trafen ihn auf der Plahhß an der Oper; mir war das sehr angenehm, er hatte die letzten Kurse aus Berlin telegrafisch bekommen, man hört doch immer gern von zu Haus. Sie, hörn Se, schmeißen Sie mir die Asche nich aufn Teppich, meine Frau kann das nicht leiden, hier ham Sie 'n Aschbecher! Na, meine Frau hat eingekauft, nicht zu halten war sie. Wissen Se, soo billig ist Paris nu auch nich. Ich hab ihr unter anderm 'n Jackenkleid gekauft und zwei Kleider, ein großes Abendkleid, dann was fürn Strand, wenn

Gott will, wird sie das in Heringsdorf tragen – dafür hab ich bezahlt, zusammen, im ganzen also 3550 Francs, das macht, warten Se mal, das wahn damals … circa 510 Mark. Dafür hat sies in Berlin auch. Aber sehr schick. 'ne sehr schicke Verkäuferin hat uns bedient … Gegessen ham wir natürlich bei Prünjeeh. Haben Sie mal bei Prünjeeh gegessen? Nein? Na, faabelhaft. Sehr elegantes Publikum – Engländer, große Amerikaner, offenbar auch viel Diplomatie. Bei Ssiroh? Nein da war ich nicht, das soll ja nicht so gut sein. Im allgemeinen find ich die Portionen 'n bißchen klein, die Orrdöwas sind ja phantastisch, aber die Portionen sind doch 'n bißchen klein. Ein Freund von dem Bruder meiner Frau, der hat einen Vetter, der lebt in Paris, der hat uns in ein Lokal mitgenommen, da komm sonst Fremde nie hin, das war echt pariserisch. Na, und dann wahn wir im Louwer, sehr interessant, wahn Sie auch im Louwer?, ja, das muß man ja. Na, und denn sind wir noch so rumgebummelt, abends warn wir in der Revue, bei der Mistuingett. Ham Sie die Mistuingett mal gesehn? Ach, Sie ham sie gesehn … Na ja, die ist ja nicht so doll. Die Revue war ja faabelhaft. Aber dann haben wir in einem kleinen Theater da eine Person gesehn, ich weiß nicht mehr, wie sie heißt … ich komm nicht auf den Namen … die wern Sie nicht kennen – na, die war faabelhaft. Das hab ich noch nicht gesehn. Die Lichtreklame fand ich ja nicht so aufregend. Ich meine, das haben wir in Berlin auch. Dann wahn wir abends auf Mongmachta – kennen Sie das? Ach, Sie kennen das … Ja, ich war auch nicht so begeistert. Apachen sieht man gar nicht. Aber dann wahn wir im Perrokeeh – kennen Sie das? Das kennen Sie nicht? Was, Sie kennen Perrokeeh nicht? Na, das ist faabelhaft. Wir ham bezahlt, warten Sie mal, Sekt natürlich, alles in allem 320 Francs.

Das sind ... das waren damals 45 Mark. Im Café de Paris? So, wahn Sie da? Ich war da nicht, das soll ja nichts sein. Dann haben wir Freunds getroffen, wir hatten grade Strümpfe für meine Frau gekauft, und wie wir noch so vorm Laden stehn und umrechnen, wer steht da? Freund. Mit Frau. Ich mag ihn ja nicht. Hat er übrigens den Kredit aus Stuttgart bekommen? Sie, ich wer Ihnen was sagen: das ist ein ganz unverschämter Gauner ist das! Er hat gewußt, ich will den Kredit haben, schließlich haben wir zuerst mit den Leuten unterhandelt ... Er sieht übrigens nicht gut aus. Regierer hat im Klärritsch gewohnt – ich möcht wissen, wie der Mann das macht. Was wir noch gesehn haben? Prünjeeh, die Revuen, die große Opa, Mongmachta, Notta Damm, den Louwer – na, das Wichtigste ham wir gesehn. Weiter ist ja dann auch nichts.

Ja, und einen Abend bin ich allein ausgegangen. Wissen Se ... also ich hatt doch erst den Doktor Hauser aufgesucht, ja, der immer in der ›*Weltbühne*‹ diese berliner Sachen schreibt. Jedesmal, wenn ich das lese, sag ich zu meiner Frau: ›Regierer – wie er leibt und lebt!‹ Na, er war kolossal erfreut, er freut sich wohl immer, wenn er Landsleute sieht. Ja. Na, und den hab ich nach Adressen gefragt. Seh ich gar nicht ein – wozu bin ich auf die ›*Weltbühne*‹ abonniert? Er hat gesagt, er wüßt keine ... na, Regierer wußte aber welche, und an der Börse hab ich mir auch welche sagen lassen – und eines Abends hab ich zu meiner Frau gesagt, mein liebes Kind, du wirst müde sein, ruh dich aus, ich wer mir 'n bißchen die Schaufenster ansehn gehn. Da haben wir uns dann

’n Auto genommen, Regierer und ich, allein war mir die Sache zu riskant. Na, wissen Se … Vorm Haus standen schon andre Herrschaften, ich dräng mich so vorbei, auf einmal hör ich, wie einer sagt ›Boches!‹ – na, ich muß ja nicht von allem haben und wollt schon vorbei, aber auf einmal hör ich, die Leute sprechen deutsch! Da bin ich ran und hab dem Kerl aber ordentlich meine Meinung gesagt! Wissen Sie die Deutschen auf der Reise … Na! Ich habn aber ordentlich Bescheid gestoßen. Es war so ein ganz Kleiner, dem hab ichs aber gesagt! Na, und drin war denn alles voller Spiegel, und ein ganzer Saal mit nackten Weibern. Ein ganzer Saal voll. Na, nich rühr an, natürlich. Ich hab die obligate Flasche Sekt bezahlt, die Mädchen haben auch ein bißchen getanzt, eine hat was vorgemacht, eine sehr nette Person, sie sprach auch ’n bißchen deutsch. Ich war eigentlich etwas enttäuscht. Ich hatt mir die Pariserin eleganter gedacht. Überhaupt, nu frag ich Sie: wo ist in Paris die Eleganz? Auf den Buhlewars sind ja manchmal ganz schicke Personen – aber ich meine, sowas sieht man bei uns in der Premiere auch. Ich wer Ihnen mal was sagen: es is sehr viel Blöff dabei. Verstehn Sie? Sehr viel Blöff. Das sag ich Ihn. Na, und am Dienstag sind wir dann weg. Meine Frau wollte noch bleiben. Aber ich hab gesagt, mein liebes Kind – nu is genug Paris. Mein Bedarf ist gedeckt.

Und ich wer Ihn mal was sagen, Welsch – Herrgott, schmeißen Sie doch die Asche nicht immer aufn Teppich! Tun Sie das bei sich zu Hause auch? ’n Gemüt. Ich wer Ihnen mal was sagen: ich reise gewiß gern. Aber wissen Sie, wenn man so lange weg war, zur Erholung, immer in den Halls und in den eleganten Kasinos da unten, an der Riwjera, jeden Abend im Smoking – wenn dann der Zug so nach der Paßkontrolle über die Grenze fährt, und ich seh wieder den ersten Stationsbeamten in Preußisch-Blau – und man hat wieder seine Ruhe und seine Ordnung nach all dem Trubel – Paris hin, Paris her – könn Se sagen, was Sie wollen –: am schönsten is doch ze Hause –!«

MICHEL DE MONTAIGNE

Weinen und Lachen

Als Caesar das Haupt des Pompeius gezeigt bekam, soll er seinen Blick abgewendet haben, als wenn er entsetzt und traurig sei über das Schauspiel, das sich ihm bot. Die beiden Gegner hatten sich in ihrer politischen Tätigkeit so lange gekannt und verstanden, ihr Schicksal wies so viele Gemeinsamkeiten auf, sie waren so lange aufeinander angewiesen und miteinander verbunden gewesen, daß man nicht glauben kann, Caesars Haltung sei ganz unehrlich und ganz gespielt gewesen, wie Lukan annimmt in den Versen: »Jetzt konnte er ungestraft den guten Schwiegervater mimen; die Tränen, die er vergoß, kamen nicht aus seinem Herzen, und seine Seufzer entrangen sich einer fröhlichen Brust.«

Unser Tun ist zwar meist Maske und Schminke und es trifft auch oft zu, was der Dichter sagt: »Der weinende Erbe lacht unter der Maske«; aber man muß doch in allen solchen Fällen bedenken, daß in der Regel mehrere Stimmungen gleichzeitig auf die Seele einwirken. Und wenn sie auch in verschiedener Richtung erregt wird, muß eine Stimmung sich schließlich durchsetzen; aber doch nicht ausschließlich; unsere Seele ist so beweglich und geschmeidig, daß auch die zurückgedrängten Regungen sich daneben gelegentlich bemerkbar machen und vorübergehend sogar die Oberhand gewinnen können. Kinder weinen und lachen deshalb oft zugleich, geben sie doch den Naturregungen naiv nach: aber auch den Erwachsenen geht es ähnlich; jeder von uns hat schon erfahren, daß es ihm beim Abschied von seiner Familie und seinen Freunden weich ums Herz wurde, auch wenn er sich die Reise noch so sehr gewünscht hatte; und wenn dabei auch nicht gerade Tränen fließen, so macht man doch jedenfalls in dem Augenblick, wo es wirklich fortgeht, ein ernstes, ja ein trauriges Gesicht. Und wenn auch eine edle Jungfrau ihrem Bräutigam sehr zugetan ist, so hängt sie doch fest am Hals der Mutter, wenn man sie ihrem Gatten zuführen will. Freilich glaubt der gute Meister Catull nicht an die Ehrlichkeit solchen Abschiedsschmerzes. So ist es nicht sonderbar, dass Caesar den Tod seines Gegners schmerzlich empfindet und ihn doch auf keinen Fall wieder lebendig sehen möchte. Wenn ich meinen Diener auszanke, bin ich wirklich böse auf ihn; meine Verwünschungen sind ernst gemeint, ich tu nicht bloß so. Aber sobald mein Ärger verflogen ist, bin ich gleich bereit, mich für ihn einzusetzen, wenn er meine Unterstützung braucht. Gleich hat sich das Blatt gewendet. Wenn ich zu ihm sage: »Du Quatschkopf, du Ochse«, so beabsichtige ich damit nicht, ihm diesen Ehrentitel für dauernd anzuhängen; und wenn ich ihn gleich darauf einen anständigen Kerl heiße, so habe ich nicht den Eindruck, daß ich mir widerspreche. Eine einzelne Eigenschaft bezeichnet uns nie ganz richtig und ganz vollständig. Täglich und stündlich hätte ich Lust, innerlich – denn wirklich mit sich selbst zu reden, macht doch einen zu verrückten Eindruck – gegen mich loszuwettern: »Du alberner Affe.« Und doch meine ich nicht, daß ich mich damit vollkommen definiere. Meiner Frau zeige ich manchmal ein gleichgültiges, manchmal ein liebevolles Gesicht; es wäre Torheit, hieraus zu schließen, eines von beiden wäre Verstellung. ...

Wenn Timoleon weint, nachdem er den reiflich überlegten und nur auf edle Motive zurückgehenden Mord an seinem Bruder, dem Tyrannen, begangen hat, beweint er nicht die Freiheit, die für sein Vaterland zurückgewonnen ist, und nicht den Tyrannen; sondern er beweint seinen Bruder. Die eine Rolle, zu der er sich verpflichtet fühlte, ist ausgespielt; nun darf er die andere spielen.

JOACHIM RINGELNATZ

Die wilde Miß vom Ohio

Ich rede von einem jener gott- und menschenverlassenen Eisenbahnpunkte, wo normale Fremde den Verstand verlieren, wenn sie nicht Schlafvirtuosen sind oder ein dichterisches Verständnis für die Poesie der Öde haben. –

Als ich die Tür zur Wartehalle klinkte, flehte ich irgendeine überirdische Macht an, mich nicht in eine Gesellschaft zu lancieren, die über Bierqualitäten, Zufälle im Lotteriespiele oder innere Politik polemisierte.

Es war jedoch nur ein einziger Gast anwesend, eine stattliche Baron-Offizier-Lebemannerscheinung, die mir gleich durch eine kurze Kopfbewegung zu verstehen gab, daß ich mich zu den unsichtbaren Geistern zählen dürfe. Das war ganz nach meinem Sinn, und ich drückte mich selbst in den entferntesten Winkel, gleichfalls ein deutliches Noli me tangere in meine Züge legend.

Der Herr »Ober« bemühte sich, meine schlechte Stimmung auf den nervösesten Punkt zu schrauben, durch allerhand Schikanen, die ich in vier Humoresken und einer Tragödie zu verwenden gedenke. Dann allmählich schlief er am Zeitungsständer ein. Und nun war es still in der leeren Halle. Nur ein melancholischer Landregen nässelte an den Fensterscheiben.

Der Baronartige starrte regungslos auf eine Flasche Burgunder. Ich hatte das Gefühl, daß ich ohne seine Gegenwart ein stimmungsvolles Gedicht verfassen könnte. Die Hände vor die Augen pressend, um ihn nicht mehr zu sehen, gewahrte ich durch die Fingerspalten, daß er energische und eigentlich mehr zielbewußte als blasierte Gesichtslinien hatte, daß eine breite Narbe an seiner Schläfe nicht übel wirkte und daß er einen pompösen, exotischen Ring trug.

Die Einsamkeit ist die Treppe zum Gedankenkeller. Sie ist selbstverständlich wertlos für denjenigen, der unten nichts auf Lager hat. Wer aber sein Fäßchen oder gar Fässer, Tonnen dort liegen weiß – meistens die, welche oben nur wenig verzapfen –, dem fällt es nicht schwer, die Stunden in dieser erfrischend kühlen Tiefe totzuschlagen.

Auch ich wollte mein Fläschchen Spiritus heraufholen, um damit den eingeborenen Zeltinger zu veredeln, den mir das Bahnhofsrestaurant zu Kriegspreisen aufgetischt hatte.

Der Baron war wirklich im Grunde ein recht sympathischer Mann. Er schien ebenfalls trübseliger Laune zu sein und saß noch immer wie ich über sein Glas gebeugt – Zigarrenrauch und Asche studierend.

Da öffnete sich die Türe. Ein älterer, wettergebräunter Dritter im Jagdkostüm blieb auf der Schwelle stehen.

Der Baron bemerkte ihm sofort durch eine kurze Kopfbewegung, daß er sich zu den unsichtbaren Geistern zählen dürfe, und ich legte ein deutliches Noli me tangere in meine Züge. Der Jäger aber bediente sich einer noch überlegeneren Sprache. Er sah sich weder nach dem Baron noch nach mir um, sondern placierte sich mit geometrischer Geschicklichkeit so, daß er uns beiden gleichzeitig den Rücken zudrehte. Die schikanöse Einleitung des Kellners kürzte er dadurch ab, daß er ihn sehr bald mit Kamel anredete.

Ich fühlte mein Dichtermilieu durch einen struppigen Bart, verwegen rollende Augen und eine lokomotivierende Meerschaumpfeife erheblich gestört.

Erst als der wilde Mann mit einem Glas heißer Milch gestillt war und das dienstbare Kamel seine Journal-Ecke wieder eingenommen, trat der status quo ein. Dieses Verhältnis nahm mit der Zeit einen ganz friedlichen Charakter an. Es war, als hätten wir ein stilles Abkommen getroffen, einander rücksichtsvoll zu ignorieren.

Der Ofen begann wie in einer Anwandlung von Mitleid geheimnisvoll zu knistern. In tiefes Sinnen versunken, rührten wir uns nicht. Nur wenn der Kellner seine Beinstellung wechselte, hoben sich für einen Moment drei müde Häupter. Dann war alles tot.

An was denkt man in solcher Situation wohl? – –

Das wird immer individuell sein. Ich zum Beispiel dachte – – ach nein, das ist ganz gleichgültig.

Jedenfalls wurde die Ruhe plötzlich unterbrochen. Es war die seltsame Melodie eines mir unbekannten Liedes, halblaut durch die Zähne gesummt. Ich warf dem Jäger einen vorwurfsvollen Blick zu und beobachtete dann, wie der Baron sich verhielt.

Er hatte gleich mir den Kopf erhoben und außerdem eine Zeitung ergriffen, aber ich bemerkte, daß er hinter derselben neugierig den Jäger fixierte. Gleich darauf legte er das Blatt beiseite, leerte sein Glas mit einem nervösen Schluck, trommelte mit den Fingern auf das Tischtuch und stimmte leise pfeifend in das Lied, dasselbe Lied ein.

Nun sah auch der wilde Mann auf und schwieg. Der Baron schwieg gleichfalls. Es kam mir vor, als sei ein kleines Vorpostengefecht beendet.

Plötzlich erhob sich der Burgunderherr, trat mit ungezwungen vornehmer Haltung an den Jäger heran und sagte: »Mein Herr, erlauben Sie mir die Frage: Waren Sie je am Ohio?«

»Ja«, erwiderte der andere erstaunt.

»Und Sie kennen die wilde Miß vom Ohio?«

»The wild Miß? – –« Etwas wie ein wehmütig-glückliches Lächeln fuhr über das harte Jägergesicht. Er hielt dem Frager seine kräftige Rechte hin, und dann gab's einen Handschlag, den ich im Leben nicht wieder vergessen werde. Und nun rückten die beiden zusammen, und der Kellner wurde aus seinem Presseschlummer gejagt, um Sekt und Zigarren zu bringen, und dann begannen die beiden zu fragen und zu erzählen, und dazwischen stießen sie so feurig die Gläser zusammen, daß der Kellner jedesmal zusammenfuhr.

Ich verstand kein Wort weiter von dem, was da besprochen wurde, aber ich glaubte den Inhalt zu erraten, und das Herz ward mir dabei weit, als sei ich berauscht.

Es mußte eine köstlich interessante Erzählung sein – aus dem Leben dieser Männer, und das Lied, woran sich beide erkannt hatten, sowie die wilde Miß vom Ohio mußten irgendeine romantische Rolle darin spielen. Leidenschaftliche, gefährlich-schöne, vielleicht teilweise sehr traurige Erlebnisse.

Ich sah ein einsames Licht aus dem nachtdunklen Ufergebüsch des Ohio blinken. Die wilde Miß stand vor mir, eine herrliche, heißblütige Kreolin mit tiefschwarzen, verführerischen Augen, und ich wob einen spannenden und ergreifenden Roman um sie. – –

Die Augen der Erzähler leuchteten begeistert, ihr Sekt schäumte und der Zigarrenrauch umlagerte sie, wie Nebelwolken, den kühlen, schwarzen Fluten des Ohio entstiegen. Ich aber saß einsam in meiner Ecke und spürte eine so gewaltige Sehnsucht danach, auch Anteil an diesen bewegten Erinnerungen zu haben und hinzugehen, um zu sagen: Meine Herren, auch ich kenne das Lied, den Ohio und die wilde Miß. Darf ich mich zu euch setzen? – –

Glückliche, beneidenswerte Weltmenschen! –

Noch nie hatte ich ein Alleinsein so bitter empfunden

wie in dieser Stunde. Ich faßte den Entschluß, mir auch ohne Belege als Zuhörer einen Platz bei den beiden zu erbitten.

Da pfiff etwas. Ein Zischen – ein Rollen – – der Zug lief ein. – –

Ich habe weder den Jäger noch den Baron wiedergesehen. Die Geschichte der wilden Miß vom Ohio habe ich nie erfahren, aber wenn ich mich ihres Titels erinnere, habe ich eine häßliche, drückende Empfindung.

Es ist das Gefühl des Unbefriedigtseins. Etwa wie wenn man während einer spannenden Lektüre nach der weggelegten Zigarre greift und plötzlich merkt, daß diese auf unerklärliche Weise abhanden gekommen – – Nein, es ist ein ganz anderes, viel tieferes, trüberes Gefühl.

LUDWIG THOMA

Besserung

Wie ich in die Ostervakanz* gefahren bin, hat die Tante Fanny gesagt: »Vielleicht kommen wir zum Besuch zu deiner Mutter. Sie hat uns so dringend eingeladen, daß wir sie nicht beleidigen dürfen.«

Und Onkel Pepi sagte, er weiß es nicht, ob es geht, weil er soviel Arbeit hat, aber er sieht es ein, daß er den Besuch nicht mehr hinausschieben darf. Ich fragte ihn,

* Osterferien

ob er nicht lieber im Sommer kommen will, jetzt ist es noch so kalt, und man weiß nicht, ob es nicht auf einmal schneit. Aber die Tante sagte: »Nein, deine Mutter muß böse werden, wir haben es schon so oft versprochen.« Ich weiß aber schon, warum sie kommen wollen; weil wir auf Ostern das Geräucherte haben und Eier und Kaffeekuchen, und Onkel Pepi ißt so furchtbar viel. Daheim darf er nicht so, weil Tante Fanny gleich sagt, ob er nicht an sein Kind denkt.

Sie haben mich an den Postomnibus begleitet, und Onkel Pepi hat freundlich getan und hat gesagt, es ist auch gut für mich, wenn er kommt, daß er den Aufruhr beschwichtigen kann über mein Zeugnis.

Es ist wahr, daß es furchtbar schlecht gewesen ist, aber ich finde schon etwas zum Ausreden. Dazu brauche ich ihn nicht.

Ich habe mich geärgert, daß sie mich begleitet haben, weil ich mir Zigarren kaufen wollte für die Heimreise, und jetzt konnte ich nicht. Der Fritz war aber im Omnibus und hat zu mir gesagt, daß er genug hat, und wenn es nicht reicht, können wir im Bahnhof in Mühldorf noch Zigarren kaufen.

Im Omnibus haben wir nicht rauchen dürfen, weil der Oberamtsrichter Zirngiebl mit seinem Heinrich darin war, und wir haben gewußt, daß er ein Freund vom Rektor ist und ihm alles verschuftet.

Der Heinrich hat ihm gleich gesagt, wer wir sind. Er hat es ihm in das Ohr gewispert, und ich habe gehört, wie er bei meinem Namen gesagt hat: »Er ist der Letzte in unserer Klasse und hat in der Religion auch einen Vierer.«

Da hat mich der Oberamtsrichter angeschaut, als

wenn ich aus einer Menagerie* bin, und auf einmal hat er zu mir und zum Fritz gesagt:

»Nun, ihr Jungens, gebt mir einmal eure Zeugnisse, daß ich sie mit dem Heinrich dem seinigen vergleichen kann.«

Ich sagte, daß ich es im Koffer habe, und er liegt auf dem Dache vom Omnibus. Da hat er gelacht und hat gesagt, er kennt das schon. Ein gutes Zeugnis hat man immer in der Tasche. Alle Leute im Omnibus haben gelacht, und ich und der Fritz haben uns furchtbar geärgert, bis wir in Mühldorf ausgestiegen sind.

Der Fritz sagte, es reut ihn, daß er nicht gesagt hat, bloß die Handwerksburschen müssen dem Gendarm ihr Zeugnis hergeben. Aber es war schon zu spät. Wir haben im Bahnhof Bier getrunken, da sind wir wieder lustig geworden und sind in die Eisenbahn eingestiegen.

Wir haben vom Kondukteur ein Rauchcoupé** verlangt und sind in eines gekommen, wo schon Leute darin waren. Ein dicker Mann ist am Fenster gesessen, und an seiner Uhrkette war ein großes, silbernes Pferd.

Wenn er gehustet hat, ist das Pferd auf seinem Bauch getanzt und hat gescheppert. Auf der anderen Bank ist ein kleiner Mann gesessen mit einer Brille, und er hat immer zu dem Dicken gesagt, Herr Landrat, und der Dicke hat zu ihm gesagt, Herr Lehrer. Wir haben es aber auch so gemerkt, daß er ein Lehrer ist, weil er seine Haare nicht geschnitten gehabt hat.

Wie der Zug gegangen ist, hat der Fritz eine Zigarre angezündet und den Rauch auf die Decke geblasen, und ich habe es auch so gemacht.

* Tierschau
** Raucherabteil

Eine Frau ist neben mir gewesen, die ist weggerückt und hat mich angeschaut, und in der anderen Abteilung sind die Leute aufgestanden und haben herübergeschaut. Wir haben uns furchtbar gefreut, daß sie alle so erstaunt sind, und der Fritz hat recht laut gesagt, er muß sich von dieser Zigarre fünf Kisten bestellen, weil sie so gut ist.

Da sagte der dicke Mann: »Bravo, so wachst die Jugend her«, und der Lehrer sagte: »Es ist kein Wunder, was man lesen muß, wenn man die verrohte Jugend sieht.«

Wir haben getan, als wenn es uns nichts angeht, und die Frau ist immer weitergerückt, weil ich soviel ausgespuckt habe. Der Lehrer hat so giftig geschaut, daß wir uns haben ärgern müssen, und der Fritz sagte, ob ich weiß, woher es kommt, daß die Schüler in der ersten Lateinklasse so schlechte Fortschritte machen, und er glaubt, daß die Volksschulen immer schlechter werden. Da hat der Lehrer furchtbar gehustet, und der Dicke hat gesagt, ob es heute kein Mittel nicht mehr gibt für freche Lausbuben.

Der Lehrer sagte, man darf es nicht mehr anwenden wegen der falschen Humanität, und weil man gestraft wird, wenn man einen bloß ein bißchen auf den Kopf haut.

Alle Leute im Wagen haben gebrummt: »Das ist wahr«, und die Frau neben mir hat gesagt, daß die Eltern dankbar sein müssen, wenn man solchen Burschen ihr Sitzleder verhaut. Und da haben wieder alle gebrummt, und ein großer Mann in der anderen Abteilung ist aufgestanden und hat mit einem tiefen Baß gesagt: »Leider, leider gibt es keine vernünftigen Öltern nicht mehr.«

Der Fritz hat sich gar nichts daraus gemacht und hat mich mit dem Fuß gestoßen, daß ich auch lustig sein soll. Er hat einen blauen Zwicker aus der Tasche genommen und hat ihn aufgesetzt und hat alle Leute angeschaut und hat den Rauch durch die Nase gehen lassen.

Bei der nächsten Station haben wir uns Bier gekauft und wir haben es schnell ausgetrunken. Dann haben wir die Gläser zum Fenster hinausgeschmissen, ob wir vielleicht einen Bahnwärter treffen.

Da schrie der große Mann: »Diese Burschen muß man züchtigen«, und der Lehrer schrie: »Ruhe, sonst bekommt ihr ein paar Ohrfeigen!« Der Fritz sagte: »Sie können's schon probieren, wenn Sie eine Schneid haben.« Da hat sich der Lehrer nicht getraut, und er hat gesagt: »Man darf keinen mehr auf den Kopf hauen, sonst wird man selbst gestraft.« Und der große Mann sagte: »Lassen Sie es gehen, ich werde diese Burschen schon kriegen.«

Er hat das Fenster aufgemacht und hat gebrüllt: »Konduktör, Ko . . duktör!«

Der Zug hat gerade gehalten, und der Kondukteur ist gelaufen, als wenn es brennt. Er fragte, was es gibt, und der große Mann sagte: »Die Burschen haben Biergläser zum Fenster hinausgeworfen. Sie müssen arretiert werden.«

Aber der Kondukteur war zornig, weil er gemeint hat, es ist ein Unglück geschehen, und es war gar nichts.

Er sagte zu dem Mann: »Deswegen brauchen Sie doch keinen solchen Spektakel nicht zu machen.« Und zu uns hat er gesagt: »Sie dürfen es nicht tun, meine Herren.« Das hat mich gefreut, und ich sagte: »Entschuldigen Sie,

Herr Oberkondukteur, wir haben nicht gewußt, wo wir die Gläser hinstellen müssen, aber wir schmeißen jetzt kein Glas nicht mehr hinaus.« Der Fritz fragte ihn, ob er keine Zigarre nicht will, aber er sagte, nein, weil er keine so starken nicht raucht.

Dann ist er wieder gegangen, und der große Mann hat sich hingesetzt und hat gesagt, er glaubt, der Kondukteur ist ein Preuße. Alle Leute haben wieder gebrummt, und der Lehrer sagte immer: »Herr Landrat, ich muß mich furchtbar zurückhalten, aber man darf keinen mehr auf den Kopf hauen.«

Wir sind weiter gefahren, und bei der nächsten Station haben wir uns wieder ein Bier gekauft. Wie ich es ausgetrunken habe, ist mir ganz schwindlig geworden, und es hat sich alles zu drehen angefangen. Ich habe den Kopf zum Fenster hinausgehalten, ob es mir nicht besser wird. Aber es ist mir nicht besser geworden, und ich habe mich stark zusammengenommen, weil ich glaubte, die Leute meinen sonst, ich kann das Rauchen nicht vertragen.

Es hat nichts mehr geholfen, und da habe ich geschwind meinen Hut genommen.

Die Frau ist aufgesprungen und hat geschrien, und alle Leute sind aufgestanden, und der Lehrer sagte: »Da haben wir es.« Und der große Mann sagte in der anderen Abteilung: »Das sind die Burschen, aus denen man die Anarchisten macht.«

Mir ist alles gleich gewesen, weil mir so schlecht war.

Ich dachte, wenn ich wieder gesund werde, will ich nie mehr Zigarren rauchen und immer folgen und meiner lieben Mutter keinen Verdruß nicht mehr machen. Ich dachte, wieviel schöner möchte es sein, wenn es mir jetzt nicht schlecht wäre, und ich hätte ein gutes Zeugnis in der Tasche, als daß ich jetzt den Hut in der Hand habe, wo ich mich hineingebrochen habe.

Fritz sagte, er glaubt, daß es mir von einer Wurst schlecht geworden ist.

Er wollte mir helfen, daß die Leute glauben, ich bin ein Gewohnheitsraucher.

Aber es war mir nicht recht, daß er gelogen hat.

Ich war auf einmal ein braver Sohn und hatte einen Abscheu gegen die Lüge.

Ich versprach dem lieben Gott, daß ich keine Sünde nicht mehr tun wollte, wenn er mich wieder gesund werden läßt. Die Frau neben mir hat nicht gewußt, daß ich mich bessern will, und sie hat immer geschrien, wie lange sie den Gestank noch aushalten muß.

Da hat der Fritz den Hut aus meiner Hand genommen und hat ihn zum Fenster hinausgehalten und hat ihn ausgeleert. Es ist aber viel auf das Trittbrett gefallen, daß es geplatscht hat, und wie der Zug in der Station gehalten hat, ist der Expeditor hergelaufen und hat geschrien: »Wer ist die Sau gewesen? Herrgottsakrament, Kondukteur, was ist das für ein Saustall?«

Alle Leute sind an die Fenster gestürzt und haben hinausgeschaut, wo das schmutzige Trittbrett gewesen ist. Und der Kondukteur ist gekommen und hat es angeschaut und hat gebrüllt: »Wer war die Sau?«

Der große Herr sagte zu ihm: »Es ist der nämliche, der mit den Bierflaschen schmeißt, und Sie haben es ihm erlaubt.«

»Was ist das mit den Bierflaschen?« fragte der Expeditor.

»Sie sind ein gemeiner Mensch«, sagte der Kondukteur, »wenn Sie sagen, daß ich es erlaubt habe, daß er mit die Bierflaschen schmeißt.«

»Was bin ich?« fragte der große Herr.

»Sie sind ein gemeiner Lügner«, sagte der Kondukteur, »ich habe es nicht erlaubt.«

»Tun Sie nicht so schimpfen«, sagte der Expeditor, »wir müssen es mit Ruhe abmachen.«

Alle Leute im Wagen haben durcheinander geschrien, daß wir solche Lausbuben sind, und daß man uns arretieren muß. Am lautesten hat der Lehrer gebrüllt, und er hat immer gesagt, er ist selbst ein Schulmann. Ich habe nichts sagen können, weil mir so schlecht war, aber der Fritz hat für mich geredet, und er hat den Expeditor gefragt, ob man arretiert werden muß, wenn man auf einem Bahnhof eine giftige Wurst kriegt. Zuletzt hat der Expeditor gesagt, daß ich nicht arretiert werde, aber daß das Trittbrett gereinigt wird, und ich muß es bezahlen. Es kostet eine Mark. Dann ist der Zug wieder gefahren, und ich habe immer den Kopf zum Fenster hinausgehalten, daß es mir besser wird.

In Endorf ist der Fritz ausgestiegen, und dann ist meine Station gekommen.

Meine Mutter und Ännchen waren auf dem Bahnhof und haben mich erwartet.

Es ist mir noch immer ein bißchen schlecht gewesen und ich habe so Kopfweh gehabt.

Da war ich froh, daß es schon Nacht war, weil man nicht gesehen hat, wie ich blaß bin. Meine Mutter hat mir einen Kuß gegeben und hat gleich gefragt: »Nach was riechst du, Ludwig?« Und Ännchen fragte: »Wo hast du deinen Hut, Ludwig?« Da habe ich gedacht, wie traurig sie sein möchten, wenn ich ihnen die Wahrheit sage, und ich habe gesagt, daß ich in Mühldorf eine giftige Wurst gegessen habe, und daß ich froh bin, wenn ich einen Kamillentee kriege.

Wir sind heimgegangen, und die Lampe hat im Wohnzimmer gebrannt, und der Tisch war aufgedeckt.

Unsere alte Köchin Theres ist hergelaufen, und wie sie mich gesehen hat, da hat sie gerufen: »Jesus Maria, wie schaut unser Bub aus? Das kommt davon, weil Sie ihn so viel studieren lassen, Frau Oberförster.«

Meine Mutter sagte, daß ich etwas Unrechtes gegessen habe, und sie soll mir schnell einen Tee machen. Da ist die Theres geschwind in die Küche, und ich habe mich auf das Kanapee gesetzt.

Unser Bürschel ist immer an mich hinaufgesprungen und hat mich abschlecken gewollt. Und alle haben sich gefreut, daß ich da bin. Es ist mir ganz weich geworden, und wie mich meine liebe Mutter gefragt hat, ob ich brav gewesen bin, habe ich gesagt, ja, aber ich will noch viel braver werden.

Ich sagte, wie ich die giftige Wurst drunten hatte, ist mir eingefallen, daß ich vielleicht sterben muß, und daß die Leute meinen, es ist nicht schade darum. Da habe ich mir vorgenommen, daß ich jetzt anders werde und alles tue, was meiner Mutter Freude macht und viel lerne und nie keine Strafe mehr heimbringe, daß sie alle auf mich stolz sind.

Ännchen schaute mich an und sagte: »Du hast gewiß ein furchtbar schlechtes Zeugnis heimgebracht, Ludwig?«

Aber meine Mutter hat es ihr verboten, daß sie mich ausspottet, und sie sagte: »Du sollst nicht so reden, Ännchen, wenn er doch krank war und sich vorgenommen hat, ein neues Leben zu beginnen. Er wird es schon halten und mir viele Freude machen.« Da habe ich weinen müssen, und die alte Theres hat es auch gehört, daß ich vor meinem Tod solche Vorsätze genommen habe. Sie hat furchtbar laut geweint, und hat geschrien: »Es kommt von dem vielen Studieren, und sie machen unsern Buben noch kaputt.« Meine Mutter hat sie getröstet, weil sie gar nicht mehr aufgehört hat.

Da bin ich ins Bett gegangen, und es war so schön, wie ich darin gelegen bin. Meine Mutter hat noch bei der Türe hereingeleuchtet und hat gesagt: »Erhole dich recht gut, Kind.« Ich bin noch lange aufgewesen und habe gedacht, wie ich jetzt brav sein werde.

HUGO VON HOFMANNSTHAL

Das Glück am Weg

Ich saß auf einem verlassenen Fleck des Hinterdecks auf einem dicken, zwischen zwei Pflöcken hin und her gewundenen Tau und schaute zurück. Rückwärts war in milchigem, opalinem Duft die Riviera versunken, die gelblichen Böschungen, über die der gezerrte Schatten der schwarzen Palmen fällt, und die weißen, flachen Häuser, die in unsäglichem Dickicht rankender Rosen einsinken. Das alles sah ich jetzt scharf und springend, weil es verschwunden war, und glaubte den feinen Duft zu spüren, den doppelten Duft der süßen Rosen und des sandigen, salzigen Strandes. Aber der Wind ging ja landwärts, schwärzlich rieselnd lief er über die glatte, weinfarbene Fläche landwärts. So war es wohl nur Täuschung, daß ich den Duft zu spüren glaubte. Dann sprangen dort, wo golden der breite Sonnenstreifen auf dem Wasser lag, drei Delphine auf und sprudelten sprühendes Gold und spielten gravitätisch und haschten sich heftig rauschend und tauchten plötzlich wieder unter. Leer lag der Fleck und wurde wieder glatt und blinkte. So tanzen vor einem feierlichen Festzug radschlagende Gaukler und Lustigmacher, so liefen betrunkene, bocksfüßige Faune vor dem Wagen des Bakchos einher …

Jetzt hätte es dort aufrauschen müssen, und wie der wühlende Maulwurf weiche Erdwellen aufwerfend den Kopf aus den Schollen hebt, so hätten sich die triefenden Mähnen und rosigen Nüstern der scheckigen Pferde herausheben müssen, und die weißen Hände, Arme und Schultern der Nereiden, ihr flutendes Haar und die zackigen, dröhnenden Hörner der Tritonen. Und in der Hand die rotseidenen Zügel, an denen grüner Seetang hängt und tropfende Algen, müßte er im Muschelwagen stehen, Neptun, kein langweiliger, schwarzbärtiger Gott, wie sie ihn zu Meißen aus Porzellan machen, sondern unheimlich und reizend, wie das Meer selbst, mit reicher Anmut, frauenhaften Zügen und Lippen, rot wie eine giftige rote Blume …

Über das leere, glänzende Meer lief schwärzlich rieselnd der leise Wind. Am Horizont, nicht ganz dort, wo in der kommenden Nacht wie ein schwarzblauer Streif der bergige Wall von Korsika auftauchen sollte, stand ein winziger schwarzer Fleck.

Nach einer Stunde war das Schiff recht nahe gegen unseres gekommen. Es war eine Yacht, die offenbar nach Toulon fuhr. Wir mußten sie fast streifen. Mit guten Augen unterschied man schon recht deutlich die Maste und Rahen, ja sogar die Vergoldung, dort, wo der Name des Schiffes stand. Ich wechselte meinen Platz, trug meinen englischen Roman ins Lesezimmer zurück und holte mein Fernglas. Es war ein sehr gutes Glas. Es brachte mir einen bestimmten runden Fleck des fremden Schiffes ganz nahe, fast unheimlich nahe. Es war, wie wenn man durchs Fenster in ein ebenerdiges Zimmer schaut, worin sich Menschen bewegen, die man nie gesehen hat und wahrscheinlich nie kennen wird; aber einen Augenblick belauscht man sie ganz in der engen dumpfen Stube, und es ist, als ob man ihnen da unsäglich nahe käme.

Den runden Fleck in meinem Glas begrenzte schwarzes Tauwerk, messingeingefaßte Planken, dahinter der tiefblaue Himmel. In der Mitte stand eine Art Feldkessel, auf dem lag, mit geschlossenen Augen, eine blonde, junge Dame. Ich sah alles ganz deutlich: den dunklen Polster, in den sich die Absätze der kleinen lichten Halbschuhe einbohrten, den moosgrünen breiten Gürtel, in dem ein paar halboffener Rosen steckten, rosa Rosen, La France-Rosen …

Ob sie schlief?

Schlafende Menschen haben einen eigentümlichen, naiven, schuldlosen, traumhaften Reiz. Sie sehen nie banal und nie unnatürlich aus.

Sie schlief nicht. Sie schlug die Augen auf und bückte sich um ein heruntergefallenes Buch. Ihr Blick lief über mich, und ich wurde verlegen, daß ich sie so anstarrte, aus solcher Nähe; ich senkte das Glas, und dann erst fiel mir ein, daß sie ja weit war, dem freien Auge nichts als ein lichter Punkt zwischen braunen Planken, und mich unmöglich bemerken könne. Ich richtete also wieder das Glas auf sie und sie sah jetzt wie verträumt gerade vor sich hin. In dem Augenblick wußte ich zwei Dinge: daß sie sehr schön war, und daß ich sie kannte. Aber woher? Es quoll in mir auf, wie etwas Unbestimmtes, Süßes, Liebes und Vergangenes. Ich versuchte es, schärfer zu denken: ein gewisser kleiner Garten, wo ich als Kind gespielt hatte, mit weißen Kieswegen und Begonienbeeten ... aber nein, das war es nicht ... damals mußte sie ja auch ein kleines Kind gewesen sein ... ein Theater, eine Loge mit einer alten Frau und zwei Mädchenköpfe, wie biegsame lichte Blumenköpfe hinter dem Zaun ... ein Wagen, im Prater, an einem Frühlingsmorgen ... oder Reiter? ... Und der starke Geruch der taufeuchten Lohe und Kastanienblütenduft und ein gewisses helles Lachen ... aber das war ja jemand anderes Lachen ... ein gewisses Boudoir mit einem kleinen Kamin und einem gewissen hohen Louis-Quinze-Feuerschirm ... alles das tauchte auf und zerging augenblicklich und in jedem dieser Bilder erschien schattenhaft diese Gestalt da drüben, die ich kannte und nicht kannte, diese schmächtige lichte Gestalt und die blumenhaft müde Lieblichkeit des kleinen Kopfes und darin die faszinierenden, dunklen, mystischen Augen ... Aber in keinem der Bilder blieb sie stehen, sie zerrann immer wieder, und das vergebliche Suchen wurde unerträglich. Ich kannte sie also nicht. Der Gedanke verursachte mir ein unerklärliches Gefühl von Enttäuschung und innerer Leere; es war mir, als hätte ich das Beste an meinem Leben versäumt. Dann fiel mir ein: Ja, ich kannte sie, das heißt, nicht wie man gewöhnlich Menschen kennt, aber gleichviel, ich hatte hundertmal an sie gedacht, hunderte von Malen, Jahre und Jahre hindurch.

Gewisse Musik hatte mir von ihr geredet, ganz deutlich von ihr, am stärksten Schumannsche; gewisse Abendstunden auf grünen Veilchenwiesen, an einem rauschenden kleinen Fluß, darüber der feuchte, rosige Abend lag; gewisse Blumen, Anemonen mit müden Köpfchen … gewisse seltsame Stellen in den Werken der Dichter, wo man aufsieht und den Kopf in die Hand stützt und auf einmal vor dem inneren Aug die goldenen Tore des Lebens aufgerissen scheinen … Alles das hatte von ihr geredet, in all dem war das Phantasma ihres Wesens gelegen, wie in gläubigen Kindergebeten das Phantasma des Himmels liegt. Und alle meine heimlichen Wünsche hatten sie zum heimlichen Ziel gehabt: in ihrer Gegenwart lag etwas, das allem einen Sinn gab, etwas unsäglich Beruhigendes, Befriedigendes, Krönendes. Solche Dinge *begreift* man nicht: man weiß sie plötzlich.

Ja, ich wußte noch viel mehr; ich wußte, daß ich mit ihr eine besondere Sprache reden würde, besonders im Ton und besonders im Stil: meine Rede wäre leichtsinniger, beflügelter, freier, sie liefe gleichsam nachtwandelnd auf einer schmalen Rampe dahin; aber sie wäre auch eindringlicher, feierlicher, und gewisse seltsame Saitensysteme würden verstärkend mittönen.

Alle diese Dinge dachte ich nicht deutlich, ich schaute sie in einer fliegenden, vagen Bildersprache.

In dem Augenblick war uns das fremde Schiff recht nah; näher würde es wohl kaum kommen.

Ich wußte noch mehr von ihr: ich wußte ihre Bewegungen, die Haltung ihres Kopfes, das Lächeln, das sie haben würde, wenn ich ihr gewisse Dinge sagte. Wenn sie auf der Terrasse säße, in einer kleinen Strandvilla in Antibes (ganz ohne Grund dachte ich gerade Antibes), und ich käme aus dem Garten und bliebe unter ihr stehen, drei Stufen unter ihr (und mir war, als wüßte ich ganz genau, das würde hundertmal geschehen, ja beinahe, als wäre es schon geschehen ...), dann würde sie mit einer undefinierbaren reizenden kleinen Pose die Schultern wie frierend in die Höhe ziehen und mich mit ihren mystischen Augen ernst und leise spöttisch von oben herab ansehen ...

Es liegt unendlich viel in Bewegungen: sie sind die komplizierte und fein abgetönte Sprache des Körpers für die komplizierte und feine Gefallsucht der Seele, die eine Art Liebesbedürfnis und eine Art Kunsttrieb ist; Koketterie ist ein sehr plumpes Wort dafür. In dieser kleinen Pose lag für mich eine Unendlichkeit von Dingen ausgedrückt: eine ganz bestimmte Art, ernsthaft, zufrieden und in Schönheit glücklich zu sein; ganz bestimmte graziöse, freie, wohltuende Lebensverhältnisse und vor allem mein Glück lag darin ausgedrückt, die Bürgschaft meines tiefen, stillen fraglosen Glückes. Alle diese Gedanken waren ohne Sentimentalität, mit einer sicheren ruhigen Anmut erfüllt. Dabei sah ich ununterbrochen hinüber. Sie war aufgestanden und sah gerade zu uns her. Und da war mir, als ob sie leise, mit unmerklichem Lächeln den Kopf schüttelte. Gleich darauf bemerkte ich mit einer Art stumpfer Betäubung, daß die Schiffe schon wieder anfingen, sich leise voneinander zu entfernen. Ich empfand das nicht als etwas Selbstverständliches, auch nicht als eine schmerzliche Überraschung, es war einfach, als glitte dort mein Leben selbst weg, alles Sein und alle Erinnerung, und zöge langsam, lautlos gleitend, seine tiefen, langen Wurzeln aus meiner schwindelnden Seele, nichts zurücklassend als unendliche, blöde Leere. Mir war, als fühlte ich fröstelnd, wie durch diese Leere ein Lufthauch lief. Stumpf, gedankenlos aufmerksam sah ich zu, wie sich zwischen sie und mich ein leerer, reinlicher, emailblauer, glänzender Wasserstreifen legte, der immer breiter wurde. In hilfloser Angst sah ich ihr nach, wie sie mit langsamen Schritten schlank und biegsam eine kleine Treppe hinabstieg, wie Ruck auf Ruck in der Luke der grüne Gürtel verschwand, dann die feinen Schultern und dann das dunkelgoldene Haar. Dann war nichts mehr von ihr da, nichts. Für mich war es, als hätte man sie in einen schmalen, kleinen Schacht gelegt und darüber einen schweren Stein und darauf Rasen. Als hätte man sie zu den Toten gelegt, ja gar nichts konnte sie mehr für mich sein. Wie ich so hinstarrte auf das schwindende Schiff, das sich ein wenig gedreht hatte, kehrte sich mir unter Bord etwas Blinkendes zu. Es waren vergoldete Genien, goldene, an das Schiff geschmiedete Geister, die trugen auf einem Schild in blinkenden Buchstaben den Namen des Schiffes: »La Fortune« …

BLAISE PASCAL

Wahn

Der Wahn ist der ihn beherrschende Teil des Menschen, Herr des Irrtums und des Falschen, und um so arglistiger ist er, weil er es nicht immer ist; denn er wäre untrügliches Kennzeichen der Wahrheit, wenn er das untrügliche Kennzeichen der Lüge sein würde. Aber obgleich er meist falsch ist, gibt es kein Merkmal seines Wesens, da das Wahre und das Falsche gleiches Zeichen tragen.

Ich meine nicht die Narren, von den Klügsten rede ich; grade ihnen verleiht die Kraft des Wahnes die hohe Gabe, Menschen zu überzeugen. Mag sich die Vernunft darüber empören, sie kann nicht den Wert der Dinge bestimmen.

Dieses stolze Vermögen, Feindin der Vernunft, die sich darin gefällt, diese zu leiten und zu beherrschen, hat, um zu beweisen, was sie kann, im Menschen eine zweite Natur aufgebaut. Sie hat ihre Glücklichen, ihre Unglücklichen, ihre Gesunden, ihre Kranken, ihre Reichen, ihre Armen, sie macht, daß man der Vernunft glaubt, sie bezweifelt, leugnet; sie schaltet die Sinne aus und weckt sie; sie hat ihre Narren und ihre Weisen; und nichts empört uns mehr, als zuzusehen, wie sie die, die bei ihr gasten, mit einer Befriedigung erfüllt, viel vollständiger und umfassender, als es die Vernunft vermag. Die Geschickten des Wahnes gefallen sich selbst viel besser, als sich die Klugen vernünftigerweise gefallen können. Sie betrachten die Menschen herrisch, sie streiten kühn und zuversichtlich, die andern furchtsam und unsicher; und die Heiterkeit ihrer Miene verschafft ihnen oft genug den Vorteil im Urteil ihrer Zuhörer; so hoch stehen die sich weise Wähnenden in der Gunst gleichgearteter Richter. Der Wahn kann keine Narren zu Weisen machen; aber er macht sie glücklich, was die Vernunft neidet, die ihre Freunde nur elend zu machen vermag, er schenkt den Ruhm, sie die Verachtung.

Wer verfügt über den Ruf, wer verschafft den Menschen, den Werken, den Gesetzen, den Hochgestellten Achtung und Verehrung, wenn nicht diese Zunft der Freunde des Wahns? Alle Reichtümer der Welt sind nichts ohne ihre Bestätigung!

Sollte man nicht glauben, daß ein Ratsherr, dessen ehrwürdiges Alter jeglichem Achtung abnötigt, sich durch klare und reine Vernunfturteile leiten lasse und daß er jegliches seiner Wesenheit gemäß beurteile, ohne sich bei zufälligen Nichtigkeiten aufzuhalten, die nur die Einbildung schwacher Menschen beeindrucken. Seht ihn, wie er zur Predigt geht, erfüllt von ergebener Bereitschaft, die Festigkeit seiner Vernunft durch die Glut der Frömmigkeit zu stärken, und ganz bereit, mit vorbildlicher Sammlung zuzuhören. Ich wette, wenn dann der Prediger erscheint und gleichgültig, was für erhabene Wahrheiten er mitteilt, unser Ratsherr verliert seine ganze Würde, wenn jener von Natur eine krächzende Stimme und ein fratzenhaftes Gesicht hat, wenn der Barbier ihn schlecht rasiert hat und wenn er sich gar noch irgendwo beschmutzt haben sollte.

Auf einer Planke, die breiter als nötig ist, wird, wenn unter ihr ein Abgrund gähnt, die Einbildung den größten Philosophen der Welt überwältigen, – mag auch die Vernunft ihn von der Sicherheit überzeugen; sein Wahn wird obsiegen. Mancher wird die Vorstellung nicht ertragen können, ohne zu erbleichen und in Schweiß zu geraten.

Nicht alle Wirkungen will ich anführen. Wer weiß nicht, daß der Anblick von Katzen, Ratten, das Zerbrechen einer Kohle die Vernunft außer sich bringen können! Der Ton der Stimme beeindruckt die Klügsten, und er ändert eine Rede, ein Gedicht von Grund auf.

Zuneigung und Haß ändern das Aussehen des Rechtes. Wie viel gerechter findet ein Anwalt, den man reichlich im voraus bezahlt hat, die Sache, die er vertritt, wie viel gerechter läßt er sie den Richtern erscheinen, die durch diesen Anschein getäuscht werden. Spaßhafte Vernunft, die ein Wind biegt nach jeder Richtung.

Fast jede Handlung der Menschen könnte ich beibringen, die fast alle unter seinem Atem beben. Denn die Vernunft hat abdanken müssen und die geläutertste bedient sich der Grundsätze, die die Einbildung der Menschen leichtfertig überall eingeführt hat.

(Wer nur der Vernunft folgen wollte, wird im Urteil des großen Haufens als töricht befunden werden. Man muß, da es ihm so gefällt, den ganzen Tag arbeiten und sich abmühen um die Güter der Welt, die als Wahngebilde bekannt sind, und hat der Schlaf uns von den Müdigkeiten unserer Vernunft erfrischt, muß man sofort und eilig aufspringen, dem Dunst nachzujagen, um den Vorstellungen dieses Herrschers der Welt Genüge zu tun. – Das ist eines der Mittel des Irrtums, aber es ist nicht das einzige. Mit Recht hat der Mensch diese beiden Mächte verbündet, obgleich in diesem Frieden der Wahn weitgehend im Vorteil ist; denn führten sie Krieg miteinander, wäre er es völlig: Niemals überwindet die Vernunft den Wahn, während das Gegenteil häufig ist.)

Dies Geheimnis haben unsere Amtspersonen wohl begriffen, ihr Pelzwerk, in das sie sich wie ausgestopfte Katzen hüllen, die Paläste, in denen sie urteilen, die Wappenlilien, kurz dieser ganze erhabene Schein ist durchaus notwendig, dann hätten die Ärzte nicht ihre langen vorn geknöpften Röcke und die absatzlosen

Pantoffeln und hätten die Rechtsgelehrten nicht die viereckigen Hüte und zu weite vierteilige Gewänder, so würden sie niemals die Menschen, die dieser eindrucksvollen Schau nicht widerstehen können, dupiert haben. Besäßen sie die Wahrheit und die Gerechtigkeit, kennten die Ärzte die wahre Heilkunst, dann hätten sie viereckige Hüte nicht nötig, die Würde dieser Wissenschaften würde an sich selbst verehrungswürdig genug sein. Da sie aber nur wahngebildetes Wissen besitzen, sind sie zu diesen eitlen Hilfsmitteln gezwungen, um die Einbildung jener zu wecken, mit denen sie zu tun haben, und wirklich schaffen sie sich dadurch die Achtung. Nur die Krieger haben sich nicht derart verkleidet, weil ihr Anteil an der Wirklichkeit wesenhafter ist, sie gründen auf der Kraft, die andern auf der Fratze.

Deshalb haben unsere Könige diese Verkleidungen nicht gesucht. Sie haben sich nicht durch ungewöhnliche Kleidung maskiert, um so zu scheinen, wohl aber haben sie sich mit Schutzstaffeln und Hellebarden umgeben. Diese bewaffneten Truppen, die nur für sie Arme und Kraft haben, die Trompeter und Trommelschläger, die ihnen voraufmarschieren, diese Scharen, die sie umgeben, machen den Mutigsten zittern. Sie haben nicht nur das Kleid, sondern dazu noch die Kraft. Eine völlig geklärte Vernunft ist nötig, um den großen Herrscher inmitten seines Serails von vierzigtausend Janitscharen wie einen beliebigen andern Menschen zu betrachten.

Wir können sogar nicht einmal einen Advokaten in Robe und Hut sehen, ohne zu seinen Gunsten voreingenommen zu sein.

Die Einbildung verfügt über alles; sie bestimmt die Schönheit, das Recht und das Glück, das das Höchste auf der Erde ist. Ich hätte gern ein italienisches Buch gesehen, das ich nur dem Titel nach kenne, der allein viele Bücher aufwiegt: »Dell' opinione regina del mondo«. Ich unterschreibe es, ohne es zu kennen, das Falsche ausgenommen, soweit es darin ist.

Das etwa sind die Wirkungen dieses trügerischen Wesens in uns, das uns, wie es scheint, ausdrücklich gegeben wurde, um uns in einen notwendigen Irrtum zu leiten. Doch haben wir davon noch mehr in uns. Nicht nur, was uns von früher überkommen ist, ist geeignet, uns zu täuschen, der Reiz der Neuheit hat die gleiche Macht. Daraus erwachsen alle Meinungsverschiedenheiten unter den Menschen, die sich gegenseitig vorwerfen, daß sie entweder falschen Vorstellungen, die ihnen aus der Jugend überkommen, anhingen oder daß sie leichtfertig neuen nachliefen. Wer hält hier die rechte Mitte? Der möge vortreten und den Beweis erbringen. Es gibt keinen Grundsatz, wie natürlich er uns immer, schon von Kindheit an, sein könne, den man nicht für einen falschen Eindruck, sei er im Unterricht oder sinnlich empfangen, aufgäbe.

Weil ihr, so sagt man etwa, seit der Kindheit geglaubt habt, eine Lade sei leer, wenn ihr nichts in ihr seht, habt ihr an die Möglichkeit der Leere geglaubt; das ist eine Sinnestäuschung, die die Gewohnheit verstärkte, die die Wissenschaft aufheben muß. Und die andern meinen: weil man euch in der Schule lehrte, es gäbe keine Leere, hat man eure gesunden Sinne verdorben, die sie vor dieser falschen Erfahrung genau kannten, die man dadurch aufheben muß, daß man auf eure erste Einsicht zurückgeht. Wer täuschte hier, die Sinne oder die Lehre?

Es gibt einen weiteren Grund des Irrtums, die Krankheiten: sie verderben die Urteilsfähigkeit und die Sinneswahrnehmung; und da die schweren sie merklich trüben, zweifle ich nicht, daß die leichteren im Verhältnis ähnlich wirken.

Unser eigener Vorteil ist ferner ein prächtiges Mittel, um uns die Augen angenehm zu blenden. Es ist dem gerechtesten Mann der Welt nicht erlaubt, in eigner Sache zu urteilen; ich weiß, daß manche, um nicht dieser Eigenliebe zu verfallen, umgekehrt die ungerechtesten Richter der Welt gewesen sind: das sicherste Mittel, um eine völlig gerechte Sache zu verlieren, war, sie durch ihre nächsten Verwandten empfehlen zu lassen.

Das Recht und die Wahrheit sind zwei feinste Spitzen, unsere Werkzeuge sind zu grob, um sie genau zu treffen. Wenn sie in ihre Nähe kommen, zerdrücken sie die Spitze und fassen den Umkreis, und mehr von dem Falschen als von der Wahrheit.

(So prächtig ist also der Mensch gemacht, daß er kein richtiges Prinzip der Wahrheit und mehrere vorzügliche des Irrtums hat. Sehen wir nun zu, wie viel ... Die spaßhafteste Ursache dieser Irrtümer aber ist der Streit zwischen den Sinnen und der Vernunft.)

GEORG CHRISTOPH LICHTENBERG

Hexen und Kaffee

Wenn man manche Histörchen genau untersucht, so wird man immer finden, daß etwas Wahres darunter steckt und zuweilen etwas ganz anderes, als man gemeiniglich sich vorstellt. So sind z. E. die Hexen, die man ehemals so sehr mit Feuer und Wasser verfolgte, gar die Geschöpfe nicht gewesen, die man sich gemeiniglich vorstellt – auch hat man das Verbrennen derselben ein wenig zu früh eingestellt. Ich habe an die 150 Loca* gesammelt, woraus ich beweisen kann, daß die Hexen der vorigen Welt eigentlich die sogenannten Kaffeeschwestern der jetzigen sind. Unter dem Namen »Kaffeeschwester« verstehe ich alle alten Frauenspersonen, die in ihrer Jugend so viel gelernt haben, daß sie die Bibel bis auf einige Nomina propria** im Alten Testament ziemlich fertig weglesen und alle Zahlen aussprechen können, wenn sie mit Worten geschrieben sind, und die, nächst den biblischen Geschichten, hauptsächlich sich auf die Privatgeschichte aller Familien in ihrem Städtchen gelegt haben und über Schwangerschaften, Eheverlöbnisse, Hochzeittage und Kopfzeuge Register halten, die in jeder Krankheit eines jungen Mädchens den Bastard reifen sehen und den Mann und den Ball erraten, der die Ursache und die Gelegenheit dazu war, die hypothetische Ehen zwischen ledigen Personen und nicht selten reelle Ehescheidungen mit ihrem Geschwätz stiften, kurz, alle unverständige, plap-

* Textstellen
** Eigennamen

pernde, besuchengehende alte Weiber, so sehr die Pest und das Verderben der guten Gesellschaft, als hingegen die reinliche, verständige Matrone und ehrwürdige Mutter die Zierde derselben ist. *Die Hexen schwammen auf dem Wasser* ist ein bloß figürlicher Ausdruck und soll nur so viel heißen, daß eigentlich Tee und Kaffee ihr Element sei, und ich glaube im Ernst, daß unsere neuern Hexen im Kaffee nicht ersäuft werden können, denn ich habe selbst eine einmal 14 Tassen trinken sehen, da die frischsten westfälischen Viehmägde an vieren sterben. Daß sie am ersten Mai auf einem Besen reiten, hat mir von Anfang am meisten zu schaffen gemacht, denn ich habe zwar öfters in meinem Leben Birkenbesen und Kaffeeschwestern beisammen gesehen, allein allemal ritt das Birkenholz auf der Kaffeeschwester. Ferner, da im mittlern Latein ein Busch oder Besen *boessonus* heißt, so hätte es leicht sein können, daß jemand den *Bösen*, als welches den Teufel bedeutet, mit dem allerdings die Hexen sowohl als Kaffeeschwestern viel zu tun haben, mit dem *Besen* verwechselt. Aber so wahrscheinlich auch dieses manchem scheinen möchte, so wird doch der Denker auch hier die Schwierigkeit finden, die wir oben beim Birkenholz antrafen. Denn nach dieser Erklärung hätten die Hexen zwar den Teufel geritten, aber sie könnten alsdann unsere Kaffeeschwestern nicht sein, denn die *reitet* umgekehrt *der Teufel.* Sonst heißt ja bekanntlich die großbärtige Schwalbe, die Ziegenmelkerin, wegen ihrer Neigung zum Trinken (Hirundo Caprimulga), in manchen Ländern *Hexe*, was war also natürlicher, als daß man die Melkerinnen der Kaffeekannen ebenso nannte?

WOLFGANG BORCHERT

Schischyphusch
oder der Kellner meines Onkels

Dabei war mein Onkel natürlich kein Gastwirt. Aber er kannte einen Kellner. Dieser Kellner verfolgte meinen Onkel so intensiv mit seiner Treue und mit seiner Verehrung, daß wir immer sagten: Das ist sein Kellner. Oder: Ach so, sein Kellner.

Als sie sich kennenlernten, mein Onkel und der Kellner, war ich dabei. Ich war damals gerade so groß, daß ich die Nase auf den Tisch legen konnte. Das durfte ich aber nur, wenn sie sauber war. Und immer konnte sie natürlich nicht sauber sein. Meine Mutter war auch nicht viel älter. Etwas älter war sie wohl, aber wir waren beide noch so jung, daß wir uns ganz entsetzlich schämten, als der Onkel und der Kellner sich kennenlernten. Ja, meine Mutter und ich, wir waren dabei.

Mein Onkel natürlich auch, ebenso wie der Kellner, denn die beiden sollten sich ja kennenlernen und auf sie kam es an. Meine Mutter und ich waren nur als Statisten dabei und hinterher haben wir es bitter verwünscht, daß wir dabei waren, denn wir mußten uns wirklich sehr schämen, als die Bekanntschaft der beiden begann. Es kam dabei nämlich zu allerhand erschrecklichen Szenen mit Beschimpfung, Beschwerden, Gelächter und Geschrei. Und beinahe hätte es sogar eine Schlägerei gegeben. Daß mein Onkel einen Zungenfehler hatte, wäre beinahe der Anlaß zu dieser Schlägerei geworden. Aber daß er einbeinig war, hat die Schlägerei dann schließlich doch verhindert.

Wir saßen also, wir drei, mein Onkel, meine Mutter und ich, an einem sonnigen Sommertag nachmittags in einem großen prächtigen bunten Gartenlokal. Um uns herum saßen noch ungefähr zwei- bis dreihundert andere Leute, die auch alle schwitzten. Hunde saßen unter den schattigen Tischen und Bienen saßen auf den Kuchentellern. Oder kreisten um die Limonadengläser der Kinder. Es war so warm und so voll, daß die Kellner alle ganz beleidigte Gesichter hatten, als ob das alles nur stattfände aus Schikane. Endlich kam auch einer an unseren Tisch.

Mein Onkel hatte, wie ich schon sagte, einen Zungenfehler. Nicht bedeutend, aber immerhin deutlich genug. Er konnte kein s sprechen. Auch kein z oder tz. Er brachte das einfach nicht fertig. Immer wenn in einem Wort so ein harter s-Laut auftauchte, dann machte er ein weiches feuchtwässeriges sch daraus. Und dabei schob er die Lippen weit vor, daß sein Mund entfernte Ähnlichkeit mit einem Hühnerpopo bekam. Der Kellner stand also an unserem Tisch und wedelte mit seinem Taschentuch die Kuchenkrümel unserer Vorgänger von der Decke. (Erst viele Jahre später erfuhr ich, daß es nicht sein Taschentuch, sondern eine Art Serviette gewesen sein muß.) Er wedelte also damit und fragte kurzatmig und nervös:

»Bitte schehr? Schie wünschen?«

Mein Onkel, der keine alkoholarmen Getränke schätzte, sagte gewohnheitsmäßig:

»Alscho: Schwei Aschbach und für den Jungen Schelter oder Brausche. Oder wasch haben Schie schonscht?«

Der Kellner war sehr blaß. Und dabei war es Hochsommer und er war doch Kellner in einem Gartenlokal.

Aber vielleicht war er überarbeitet. Und plötzlich merkte ich, daß mein Onkel unter seiner blanken braunen Haut auch blaß wurde. Nämlich als der Kellner die Bestellung der Sicherheit wegen wiederholte:

»Schehr wohl. Schwei Aschbach. Eine Brausche. Bitte schehr.«

Mein Onkel sah meine Mutter mit hochgezogenen Brauen an, als ob er etwas Dringendes von ihr wollte. Aber er wollte sich nur vergewissern, ob er noch auf dieser Welt sei. Dann sagte er mit einer Stimme, die an fernen Geschützdonner erinnerte:

»Schagen Schie mal, schind Schie wahnschinnig? Schie? Schie machen schich über mein Lischpeln luschtig? Wasch?«

Der Kellner stand da und dann fing es an, an ihm zu zittern. Seine Hände zitterten. Seine Augendeckel. Seine Knie. Vor allem aber zitterte seine Stimme. Sie zitterte vor Schmerz und Wut und Fassungslosigkeit, als er sich jetzt Mühe gab, auch etwas geschützdonnerähnlich zu antworten:

»Esch ischt schamlosch von Schie, schich über mich schu amüschieren, taktlosch ischt dasch, bitte schehr.«

Nun zitterte alles an ihm. Seine Jackenzipfel. Seine pomadenverklebten Haarsträhnen. Seine Nasenflügel und seine sparsame Unterlippe.

An meinem Onkel zitterte nichts. Ich sah ihn ganz genau an: Absolut nichts. Ich bewunderte meinen Onkel. Aber als der Kellner ihn schamlos nannte, da stand mein Onkel doch wenigstens auf. Das heißt, er stand eigentlich gar nicht auf. Das wäre ihm mit seinem einen Bein viel zu umständlich und beschwerlich gewesen. Er blieb sitzen und stand dabei doch auf. Innerlich stand er auf.

Und das genügte auch vollkommen. Der Kellner fühlte dieses innerliche Aufstehen meines Onkels wie einen Angriff und er wich zwei kurze zittrige unsichere Schritte zurück. Feindselig standen sie sich gegenüber. Obgleich mein Onkel saß. Wenn er wirklich aufgestanden wäre, hätte sich sehr wahrscheinlich der Kellner hingesetzt. Mein Onkel konnte es sich auch leisten, sitzen zu bleiben, denn er war noch im Sitzen ebenso groß wie der Kellner und ihre Köpfe waren auf gleicher Höhe.

So standen sie nun und sahen sich an. Beide mit einer zu kurzen Zunge, beide mit demselben Fehler. Aber jeder mit einem völlig anderen Schicksal.

Klein, verbittert, verarbeitet, zerfahren, fahrig, farblos, verängstigt, unterdrückt: der Kellner. Der kleine Kellner. Ein richtiger Kellner: Verdrossen, stereotyp höflich, geruchlos, ohne Gesicht, numeriert, verwaschen und trotzdem leicht schmuddelig. Ein kleiner Kellner. Zigarettenfingrig, servil, steril, glatt, gut gekämmt, blaurasiert, gelbgeärgert, mit leerer Hose hinten und dicken Taschen an der Seite, schiefen Absätzen und chronisch verschwitztem Kragen – der kleine Kellner.

Und mein Onkel? Ach, mein Onkel! Breit, braun, brummend, baßkehlig, laut, lachend, lebendig, reich, riesig, ruhig, sicher, satt, saftig – mein Onkel!

Der kleine Kellner und mein großer Onkel. Verschieden wie ein Karrengaul vom Zeppelin. Aber beide kurzzungig. Beide mit demselben Fehler. Beide mit einem feuchten wässerigen weichen sch. Aber der Kellner ausgestoßen, getreten von seinem Zungenschicksal, bockig, eingeschüchtert, enttäuscht, einsam, bissig.

Und klein, ganz klein geworden. Tausendmal am Tag

verspottet, an jedem Tisch belächelt, belacht, bemitleidet, begrinst, beschrien. Tausendmal an jedem Tag im Gartenlokal an jedem Tisch einen Zentimeter in sich hineingekrochen, geduckt, geschrumpft. Tausendmal am Tag bei jeder Bestellung an jedem Tisch, bei jedem »bitte schehr« kleiner, immer kleiner geworden. Die Zunge, gigantischer unförmiger Fleischlappen, die viel zu kurze Zunge, formlose zyklopische Fleischmasse, plumper unfähiger roter Muskelklumpen, diese Zunge hatte ihn zum Pygmäen erdrückt: kleiner, kleiner Kellner!

Und mein Onkel! Mit einer zu kurzen Zunge, aber: als hätte er sie nicht. Mein Onkel, selbst am lautesten lachend, wenn über ihn gelacht wurde. Mein Onkel, einbeinig, kolossal, slickzungig. Aber Apoll in jedem Zentimeter Körper und jedem Seelenatom. Autofahrer, Frauenfahrer, Herrenfahrer, Rennfahrer. Mein Onkel, Säufer, Sänger, Gewaltmensch, Witzereißer, Zotenflüsterer, Verführer, kurzzungiger sprühender, sprudelnder spuckender Anbeter von Frauen und Kognak. Mein Onkel, saufender Sieger, prothesenknarrend, breitgrinsend, mit viel zu kurzer Zunge, aber: als hätte er sie nicht!

So standen sie sich gegenüber. Mordbereit, todwund der eine, lachfertig, randvoll mit Gelächtereruptionen der andere. Ringsherum sechs- bis siebenhundert Augen und Ohren, Spazierläufer, Kaffeetrinker, Kuchenschleckerer, die den Auftritt mehr genossen als Bier und Brause und Bienenstich. Ach, und mittendrin meine Mutter und ich. Rotköpfig, schamhaft, tief in die Wäsche verkrochen. Und unsere Leiden waren erst am Anfang.

»Schuchen Schie schofort den Wirt, Schie aggreschiver Schpatsch, Schie. Ich will Schie lehren, Gäschte schu inschultieren.«

Mein Onkel sprach jetzt absichtlich so laut, daß den sechs- bis siebenhundert Ohren kein Wort entging. Der Asbach regte ihn in angenehmer Weise an. Er grinste vor Wonne über sein großes gutmütiges breites braunes Gesicht. Helle salzige Perlen kamen aus der Stirn und trudelten abwärts über die massiven Backenknochen. Aber der Kellner hielt alles an ihm für Bosheit, für Gemeinheit, für Beleidigung und Provokation. Er stand mit faltigen hohlen leise wehenden Wangen da und rührte sich nicht von der Stelle.

»Haben Schie Schand in den Gehörgängen? Schuchen Schie den Beschitscher, Schie beschoffener Schnapschvogel. Losch, oder haben Schie die Hosche voll, Schie mischgeschtalteter Schwerg?«

Da faßte der kleine kleine Pygmäe, der kleine slickzungige Kellner, sich ein großmütiges, gewaltiges, für uns alle und für ihn selbst überraschendes Herz. Er trat ganz nah an unsern Tisch, wedelte mit seinem Taschentuch über unsere Teller und knickte zu einer korrekten Kellnerverbeugung zusammen. Mit einer kleinen männlichen und entschlossen leisen Stimme, mit überwältigender zitternder Höflichkeit sagte er: »Bitte schehr!« und setzte sich klein, kühn und kaltblütig auf den vierten freien Stuhl an unserem Tisch. Kaltblütig natürlich nur markiert. Denn in seinem tapferen kleinen Kellnerherzen flackerte die empörte Flamme der verachteten gescheuchten mißgestalteten Kreatur. Er hatte auch nicht den Mut, meinen Onkel anzusehen. Er setzte sich nur so klein und sachlich hin und ich glaube, daß höchstens ein Achtel seines Gesäßes den Stuhl berührte. (Wenn er überhaupt mehr als ein Achtel besaß – vor lauter Bescheidenheit.) Er saß, sah vor sich hin auf die kaffeeübertropfte grauweiße Decke, zog seine dicke Brieftasche hervor und legte sie immerhin einigermaßen männlich auf den Tisch. Eine halbe Sekunde riskierte er einen kurzen Aufblick, ob er wohl zu weit gegangen sei mit dem Aufbumsen der Tasche, dann, als er sah, daß der Berg, mein Onkel nämlich, in seiner Trägheit verharrte, öffnete er die Tasche und nahm ein Stück pappartiges zusammengeknifftes Papier heraus, dessen Falten das typische Gelb eines oftbenutzten Stück Papiers aufwiesen. Er klappte es wichtig auseinander, verkniff sich den Ausdruck von Beleidigtsein oder Rechthaberei und legte sachlich seinen kurzen abgenutzten Finger auf eine bestimmte Stelle des Stück Papiers. Dazu sagte er leise, eine Spur heiser und mit großen Atempausen:

»Bitte schehr. Wenn Schie schehen wollen. Schtellen Schie höflichscht schelbscht fescht. Mein Pasch. In Parisch geweschen. Barschelona. Oschnabrück, bitte schehr. Allesch ausch meinem Pasch schu erschehen. Und hier: Beschondere Kennscheichen: Narbe am linken Knie. (Vom Fußballspiel.) Und hier, und hier? Wasch ischt hier? Hier, bitte schehr: Schprachfehler scheit Geburt. Bitte schehr. Wie Schie schelbscht schehen!«

Das Leben war zu rabenmütterlich mit ihm umgegangen, als daß er jetzt den Mut gehabt hätte, seinen Triumph auszukosten und meinen Onkel herausfordernd anzusehen. Nein, er sah still und klein vor sich auf seinen vorgestreckten Finger und den bewiesenen Geburtsfehler und wartete geduldig auf den Baß meines Onkels.

Es dauerte lange, bis der kam. Und als er dann kam, war es so unerwartet, was er sagte, daß ich vor Schreck einen Schluckauf bekam. Mein Onkel ergriff plötzlich mit seinen klobigen viereckigen Tatmenschhänden die kleinen flatterigen Pfoten des Kellners und sagte mit der vitalen wütendkräftigen Gutmütigkeit und der tierhaft warmen Weichheit, die als primärer Wesenszug aller Riesen gilt: »Armesch kleinesch Luder! Schind schie schon scheit deiner Geburt hinter dir her und hetschen?«

Der Kellner schluckte. Dann nickte er. Nickte sechs-, siebenmal. Erlöst. Befriedigt. Stolz. Geborgen. Sprechen konnte er nicht. Er begriff nichts. Verstand und Sprache waren erstickt von zwei dicken Tränen. Sehen konnte er auch nicht, denn die zwei dicken Tränen schoben sich vor seine Pupillen wie zwei undurchsichtige allesversöhnende Vorhänge. Er begriff nichts. Aber sein Herz empfing diese Welle des Mitgefühls wie eine Wüste, die tausend Jahre auf einen Ozean gewartet hatte. Bis an sein Lebensende hätte er sich so überschwemmen lassen können! Bis an seinen Tod hätte er seine kleinen Hände in den Pranken meines Onkels verstecken mögen! Bis in die Ewigkeit hätte er das hören können, dieses: Armesch kleinesch Luder!

Aber meinem Onkel dauerte das alles schon zu lange. Er war Autofahrer. Auch wenn er im Lokal saß. Er ließ seine Stimme wie eine Artilleriesalve über das Gartenlokal hinwegdröhnen und donnerte irgendeinen erschrockenen Kellner an:

»Schie, Herr Ober! Acht Aschbach! Aber losch,

schag ich Ihnen! Wasch? Nicht Ihr Revier? Bringen Schie schofort acht Aschbach oder tun Schie dasch nicht, wasch?«

Der fremde Kellner sah eingeschüchtert und verblüfft auf meinen Onkel. Dann auf seinen Kollegen. Er hätte ihm gern von den Augen abgesehen (durch ein Zwinkern oder so), was das alles zu bedeuten hätte. Aber der kleine Kellner konnte seinen Kollegen kaum erkennen, so weit weg war er von allem, was Kellner, Kuchenteller, Kaffeetasse und Kollege hieß, weit weit weg davon.

Dann standen acht Asbach auf dem Tisch. Vier Gläser davon mußte der fremde Kellner gleich wieder mitnehmen, sie waren leer, ehe er einmal geatmet hatte. »Laschen Schie dasch da nochmal vollaufen!« befahl mein Onkel und wühlte in den Innentaschen seiner Jacke. Dann pfiff er eine Parabel durch die Luft und legte nun seinerseits seine dicke Brieftasche neben die seines neuen Freundes. Er fummelte endlich eine zerknickte Karte heraus und legte seinen Mittelfinger, der die Maße eines Kinderarms hatte, auf einen bestimmten Teil der Karte.

»Schiehscht du, dummesch Häschchen, hier schtehtsch: Beinamputiert und Unterkieferschusch. Kriegschverletschung.« Und während er das sagte, zeigte er mit der anderen Hand auf die Narbe, die sich unterm Kinn versteckt hielt.

»Die Öösch haben mir einfach ein Schtück von der Schungenschpitsche abgeschoschen. In Frankreich damalsch.«

Der Kellner nickte.

»Noch bösche?« fragte mein Onkel.

Der Kellner schüttelte schnell den Kopf hin und her, als wollte er etwas ganz Unmögliches abwehren.

»Ich dachte nur schuerscht, Schie wollten mich utschen.«

Erschüttert über seinen Irrtum in der Menschenkenntnis wackelte er mit dem Kopf immer wieder von links nach rechts und wieder zurück.

Und nun schien es mit einmal, als ob er alle Tragik seines Schicksals damit abgeschüttelt hätte. Die beiden Tränen, die sich nun in den Hohlheiten seines Gesichtes verliefen, nahmen alle Qual seines bisherigen verspotteten Daseins mit. Sein neuer Lebensabschnitt, den er an der Riesentatze meines Onkels betrat, begann mit einem kleinen aufstoßenden Lacher, einem Gelächterchen, zage, scheu, aber von einem unverkennbaren Asbachgestank begleitet.

Und mein Onkel, dieser Onkel, der sich auf einem Bein, mit zerschossener Zunge und einem bärigen baßstimmigen Humor durch das Leben lachte, dieser mein Onkel war nun so unglaublich selig, daß er endlich endlich lachen konnte. Er war schon bronzefarben angelaufen, daß ich fürchtete, er müsse jede Minute platzen. Und sein Lachen lachte los, unbändig, explodierte, polterte, juchte, gongte, gurgelte – lachte los, als ob er ein Riesensaurier wäre, dem diese Urweltlaute entrülpsten. Das erste kleine neuprobierte Menschlachen des Kellners, des neuen kleinen Kellnermenschen, war dagegen wie das schüttere Gehüstel eines erkälteten Ziegenbabys. Ich griff angstvoll nach der Hand meiner Mutter. Nicht daß ich Angst vor meinem Onkel gehabt hätte, aber ich hatte doch eine tiefe tierische Angstwitterung vor den acht Asbachs, die in meinem Onkel brodelten.

Die Hand meiner Mutter war eiskalt. Alles Blut hatte ihren Körper verlassen, um den Kopf zu einem grellen plakatenen Symbol der Schamhaftigkeit und des bürgerlichen Anstandes zu machen. Keine Vierländer Tomate konnte ein röteres Rot ausstrahlen. Meine Mutter leuchtete. Klatschmohn war blaß gegen sie. Ich rutschte tief von meinem Stuhl unter den Tisch. Siebenhundert Augen waren rund und riesig um uns herum. Oh, wie wir uns schämten, meine Mutter und ich.

Der kleine Kellner, der unter dem heißen Alkoholatem meines Onkels ein neuer Mensch geworden war, schien den ersten Teil seines neuen Lebens gleich mit einer ganzen Ziegenmeckerlachepoche beginnen zu wollen. Er mähte, bähte, gnuckte und gnickerte wie eine ganze Lämmerherde auf einmal. Und als die beiden Männer nun noch vier zusätzliche Asbachs über ihre kurzen Zungen schütteten, wurden aus den Lämmern, aus den rosigen dünnstimmigen zarten schüchternen kleinen Kellnerlämmern, ganz gewaltige hölzern meckernde steinalte weißbärtige blechscheppernde blödblökende Böcke.

Diese Verwandlung vom kleinen giftigen tauben verkniffenen Bitterling zum andauernd, fortdauernd meckernden schenkelschlagenden geckernden blechern blökenden Ziegenbockmenschen war selbst meinem Onkel etwas ungewöhnlich. Sein Lachen vergluckerte langsam wie ein absaufender Felsen. Er wischte sich mit dem Ärmel die Tränen aus dem braunen breiten Gesicht und glotzte mit asbachblanken sturerstaunten Augen auf den unter Lachstößen bebenden weißbejackten Kellnerzwerg. Um uns herum feixten siebenhundert Gesichter. Siebenhundert Augen glaubten, daß sie nicht richtig sahen. Siebenhundert Zwerchfelle schmerzten. Die, die am weitesten ab saßen, standen erregt auf, um sich ja nichts entgehen zu lassen. Es war, als ob der Kellner sich vorgenommen hatte, fortan als ein riesenhafter boshaft bähender Bock sein Leben fortzusetzen. Neuerdings, nachdem er wie aufgezogen einige Minuten in seinem eigenen Gelächter untergegangen war, neuerdings bemühte er sich erfolgreich, zwischen den Lachsalven, die wie ein blechernes Maschinengewehr aus seinem runden Mund perlten, kurze schrille Schreie auszustoßen. Es gelang ihm, so viel Luft zwischen dem Gelächter einzusparen, daß er nun diese Schreie in die Luft wiehern konnte.

»Schischyphusch!« schrie er und patschte sich gegen die nasse Stirn. »Schischyphusch! Schiiischyyyphuusch!« Er hielt sich mit beiden Händen an der Tischplatte fest und wieherte: »Schischyphusch!« Als er fast zwei Dutzend mal gewiehert hatte, dieses »Schischyphusch« aus voller Kehle gewiehert hatte, wurde meinem Onkel das Schischyphuschen zuviel. Er zerknitterte dem unaufhörlich wiehernden Kellner mit einem einzigen Griff das gestärkte Hemd, schlug mit der anderen Faust auf den Tisch, daß zwölf leere Gläser an zu springen fingen, und donnerte ihn an: »Schlusch! Schlusch, schag ich jetscht. Wasch scholl dasch mit dieschem blödschinnigen schaudummen Schischyphusch? Schlusch jetscht, verschtehscht du!« Der Griff und der gedonnerte Baß meines Onkels machten aus dem schischyphuschschreienden Ziegenbock im selben Augenblick wieder den kleinen lispelnden armseligen Kellner.

Er stand auf. Er stand auf, als ob es der größte Irrtum seines Lebens gewesen wäre, daß er sich hingesetzt hatte. Er fuhr sich mit dem Serviettentuch durch das Gesicht und räumte Lachtränen, Schweißtropfen, Asbach und Gelächter wie etwas hinweg, das fluchwürdig und frevelhaft war. Er war aber so betrunken, daß er alles für einen Traum hielt, die Pöbelei am Anfang, das Mitleid und die Freundschaft meines Onkels. Er wußte nicht: Hab ich nun eben Schischyphusch geschrien? Oder nicht? Hab ich schechsch Aschbach gekippt, ich, der Kellner dieschesch Lokalsch, mitten unter den Gäschten? Ich? Er war unsicher. Und für alle Fälle machte er eine abgehackte kleine Verbeugung und flüsterte: »Verscheihung!« Und dann verbeugte er sich noch einmal: »Verscheihung. Ja, verscheihen Schie dasch Schischyphuschgeschrei. Bitte schehr. Verscheihen der Herr, wenn ich schu laut war, aber der Aschbach, Schie wischen ja schelbscht, wenn man nichtsch gegeschen hat, auf leeren Magen. Bitte schehr darum. Schischyphusch war nämlich mein Schpitschname. Ja, in der Schule schon. Die gansche Klasche nannte mich scho. Schie wischen wohl, Schischyphusch, dasch war der Mann in der Hölle, diesche alte Schage, wischen Schie, der Mann im Hadesch, der arme Schünder, der einen groschen Felschen auf einen rieschigen Berg raufschieben schollte, eh, muschte, ja, dasch war der Schischyphusch, wischen Schie wohl. In der Schule muschte ich dasch immer schagen, immer diesch Schischyphusch. Und allesch hat dann gepuschtet vor Lachen, können Schie schich denken, werter Herr. Allesch hat dann gelacht, wischen Schie, schintemalen ich doch die schu kursche Schungenschpitsche beschitsche. Scho kam esch, dasch ich schpäter überall Schischyphusch geheischen wurde und gehänschelt wurde, schehen Schie. Und dasch, verscheihen, kam mir beim Aschbach nun scho insch Gedächtnisch, alsch ich scho geschrien habe, verschtehen. Verscheihen Schie, ich bitte schehr, verscheihen Schie, wenn ich Schie beläschtigt haben schollte, bitte schehr.«

Er verstummte. Seine Serviette war indessen unzählige Male von einer Hand in die andere gewandert. Dann sah er auf meinen Onkel.

Jetzt war der es, der still am Tisch saß und vor sich hin auf die Tischdecke sah. Er wagte nicht, den Kellner anzusehen. Mein Onkel, mein bärischer bulliger riesiger Onkel wagte nicht, aufzusehen und den Blick dieses kleinen verlegenen Kellners zu erwidern. Und die beiden dicken Tränen, die saßen nun in seinen Augen. Aber das sah keiner außer mir. Und ich sah es auch nur, weil ich so klein war, daß ich ihm von unten her ins Gesicht sehen konnte. Er schob dem still abwartenden Kellner einen mächtigen Geldschein hin, winkte ungeduldig ab, als der ihm zurückgeben wollte, und stand auf, ohne jemanden anzusehen.

Der Kellner brachte noch zaghaft einen Satz an: »Die Aschbach wollte ich wohl gern beschahlt haben, bitte schehr.«

Dabei hatte er den Schein schon in seine Tasche gesteckt, als erwarte er keine Antwort und keinen Einspruch. Es hatte auch keiner den Satz gehört und seine Großzügigkeit fiel lautlos auf den harten Kies des Gartenlokals und wurde da später gleichgültig zertreten. Mein Onkel nahm seinen Stock, wir standen auf, meine Mutter stützte meinen Onkel und wir gingen langsam auf die Straße zu. Keiner von uns dreien sah auf den Kellner. Meine Mutter und ich nicht, weil wir uns schämten. Mein Onkel nicht, weil er die beiden Tränen in den Augen sitzen hatte. Vielleicht schämte er sich auch, dieser Onkel. Langsam kamen wir auf den Ausgang zu, der Stock meines Onkels knirschte häßlich auf dem Gartenkies und das war das einzige Geräusch im Augenblick, denn die drei- bis vierhundert Gesichter an den Tischen waren stumm und glotzäugig auf unseren Abgang konzentriert.

Und plötzlich tat mir der kleine Kellner leid. Als wir am Ausgang des Gartens um die Ecke biegen wollten, sah ich mich schnell noch einmal nach ihm um. Er stand noch immer an unserem Tisch. Sein weißes Serviettentuch hing bis auf die Erde. Er schien mir noch viel viel kleiner geworden zu sein. So klein stand er da und ich liebte ihn plötzlich, als ich ihn so verlassen hinter uns herblicken sah, so klein, so grau, so leer, so hoffnungslos, so arm, so kalt und so grenzenlos allein! Ach, wie klein! Er tat mir so unendlich leid, daß ich meinen Onkel an die Hand tippte, aufgeregt, und leise sagte: »Ich glaube, jetzt weint er.«

Mein Onkel blieb stehen. Er sah mich an und ich konnte die beiden dicken Tropfen in seinen Augen ganz deutlich erkennen. Noch einmal sagte ich, ohne genau zu verstehen, warum ich es eigentlich tat: »Oh, er weint. Kuck mal, er weint.«

Da ließ mein Onkel den Arm meiner Mutter los, humpelte schnell und schwer zwei Schritte zurück, riß seinen Krückstock wie ein Schwert hoch und stach damit in den Himmel und brüllte mit der ganzen großartigen Kraft seines gewaltigen Körpers und seiner Kehle:

»Schischyphusch! Schischyphusch! Hörscht du? Auf Wiederschehen, alter Schischyphusch! Bisch nächschten Schonntag, dummesch Luder! Wiederschehen!«

Die beiden dicken Tränen wurden von den Falten, die sich jetzt über sein gutes braunes Gesicht zogen, zu nichts zerdrückt. Es waren Lachfalten und er hatte das ganze Gesicht voll davon. Noch einmal fegte er mit seinem Krückstock über den Himmel, als wollte er die Sonne herunterraken, und noch einmal donnerte er sein Riesenlachen über die Tische des Gartenlokals hin: »Schischyphusch! Schischyphusch!«

Und Schischyphusch, der kleine graue arme Kellner, wachte aus seinem Tod auf, hob seine Serviette und fuhr damit auf und ab wie ein wildgewordener Fensterputzer. Er wischte die ganze graue Welt, alle Gartenlokale der Welt, alle Kellner und alle Zungenfehler der Welt mit seinem Winken endgültig und für immer weg aus seinem Leben. Und er schrie schrill und überglücklich zurück, wobei er sich auf die Zehen stellte und ohne sein Fensterputzen zu unterbrechen:

»Ich verschtehe! Bitte schehr! Am Schonntag! Ja, Wiederschehen! Am Schonntag, bitte schehr!«

Dann bogen wir um die Ecke. Mein Onkel griff wieder nach dem Arm meiner Mutter und sagte leise: »Ich weisch, esch war schicher entschetschlich für euch. Aber wasch schollte ich andersch tun, schag schelbst. Scho'n dummer Hasche. Läuft nun schein ganschesch Leben mit scho einem garschtigen Schungenfehler herum. Armesch Luder dasch!«

JOHANN WOLFGANG GOETHE

Die Sängerin Antonelli

»Als ich mich in Neapel aufhielt, begegnete daselbst eine Geschichte, die großes Aufsehen erregte und worüber die Urteile sehr verschieden waren. Die einen behaupteten, sie sei völlig ersonnen, die andern, sie sei wahr, aber es stecke ein Betrug dahinter. Diese Partei war wieder untereinander selbst uneinig; sie stritten, wer dabei betrogen haben könnte. Noch andere behaupteten, es sei keineswegs ausgemacht, daß geistige Naturen nicht sollten auf Elemente und Körper wirken können, und man müsse nicht jede wunderbare Begebenheit ausschließlich entweder für Lüge oder Trug erklären. Nun zur Geschichte selbst!

Eine Sängerin, Antonelli genannt, war zu meiner Zeit der Liebling des neapolitanischen Publikums. In der Blüte ihrer Jahre, ihrer Figur, ihrer Talente fehlte ihr nichts, wodurch ein Frauenzimmer die Menge reizt und lockt und eine kleine Anzahl Freunde entzückt und glücklich macht. Sie war nicht unempfindlich gegen Lob und Liebe; allein von Natur mäßig und verständig, wußte sie die Freuden zu genießen, die beide gewähren, ohne dabei aus der Fassung zu kommen, die ihr in ihrer Lage so nötig war. Alle jungen, vornehmen, reichen Leute drängten sich zu ihr, nur wenige nahm sie auf; und wenn sie bei der Wahl ihrer Liebhaber meist ihren Augen und ihrem Herzen folgte, so zeigte sie doch bei allen kleinen Abenteuern einen festen, sichern Charakter, der jeden genauen Beobachter für sie einnehmen mußte. Ich hatte Gelegenheit, sie einige Zeit zu sehen, indem ich mit einem ihrer Begünstigten in nahem Verhältnisse stand. Verschiedene Jahre waren hingegangen, sie hatte Männer genug kennengelernt und unter ihnen viele Gecken, schwache und unzuverlässige Menschen. Sie glaubte bemerkt zu haben, daß ein Liebhaber, der in einem gewissen Sinne dem Weibe alles ist, gerade da, wo sie eines Beistandes am nötigsten bedürfte, bei Vorfällen des Lebens, häuslichen Angelegenheiten, bei augenblicklichen Entschließungen meistenteils zu nichts wird, wenn er nicht gar seiner Geliebten, indem er nur an sich selbst denkt, schadet und aus Eigenliebe ihr das Schlimmste zu raten und sie zu den gefährlichsten Schritten zu verleiten sich gedrungen fühlt.

Bei ihren bisherigen Verbindungen war ihr Geist meistenteils unbeschäftigt geblieben; auch dieser verlangte Nahrung. Sie wollte endlich einen Freund haben, und kaum hatte sie dieses Bedürfnis gefühlt, so fand sich unter denen, die sich ihr zu nähern suchten, ein junger Mann, auf den sie ihr Zutrauen warf und der es in jedem Sinne zu verdienen schien.

Es war ein Genueser, der sich um diese Zeit einiger wichtiger Geschäfte seines Hauses wegen in Neapel aufhielt. Bei einem sehr glücklichen Naturell hatte er die sorgfältigste Erziehung genossen. Seine Kenntnisse waren ausgebreitet, sein Geist wie sein Körper vollkommen ausgebildet, sein Betragen konnte für ein Muster gelten, wie einer, der sich keinen Augenblick vergißt, sich doch immer in andern zu vergessen scheint. Der Handelsgeist seiner Geburtsstadt ruhete auf ihm; er sah das, was zu tun war, im großen an. Doch war seine Lage nicht die glücklichste; sein Haus hatte sich in einige höchst mißliche Spekulationen eingelassen und war in gefährliche Prozesse verwickelt. Die Angelegenheiten verwirrten sich mit der Zeit noch mehr, und die Sorge, die er darüber empfand, gab ihm einen Anstrich von Traurigkeit, der ihm sehr wohl anstand und unserm jungen Frauenzimmer noch mehr Mut machte, seine Freundschaft zu suchen, weil sie zu fühlen glaubte, daß er selbst einer Freundin bedürfe.

Er hatte sie bisher nur an öffentlichen Orten und bei Gelegenheit gesehen; sie vergönnte ihm nunmehr auf seine erste Anfrage den Zutritt in ihrem Hause, ja sie lud ihn recht dringend ein, und er verfehlte nicht zu kommen.

Sie versäumte keine Zeit, ihm ihr Zutrauen und ihren Wunsch zu entdecken. Er war verwundert und erfreut über ihren Antrag. Sie bat ihn inständig, ihr Freund zu bleiben und keine Anforderungen eines Liebhabers zu machen. Sie eröffnete ihm eine Verlegenheit, in der sie sich eben befand und worüber er bei seinen mancherlei Verhältnissen den besten Rat geben und die schleunigste Einleitung zu ihrem Vorteil machen konnte. Er vertraute ihr dagegen seine Lage, und indem sie ihn zu erheitern und zu trösten wußte, indem sich in ihrer Gegenwart manches entwickelte, was sonst bei ihm nicht so früh erwacht wäre, schien sie auch seine Ratgeberin zu sein, und eine wechselseitige, auf die edelste Achtung, auf das schönste Bedürfnis gegründete Freundschaft hatte sich in kurzem zwischen ihnen befestigt. Nur leider überlegt man bei Bedingungen, die man eingeht, nicht immer, ob sie möglich sind. Er hatte versprochen, nur Freund zu sein, keine Ansprüche auf die Stelle eines Liebhabers zu machen, und doch konnte er sich nicht leugnen, daß ihm die von ihr begünstigten

Liebhaber überall im Wege, höchst zuwider, ja ganz und gar unerträglich waren. Besonders fiel es ihm höchst schmerzlich auf, wenn ihn seine Freundin von den guten und bösen Eigenschaften eines solchen Mannes oft launig unterhielt, alle Fehler des Begünstigten genau zu kennen schien und doch noch vielleicht selbigen Abend, gleichsam zum Spott des wertgeschätzten Freundes, in den Armen eines Unwürdigen ausruhte.

Glücklicher- oder unglücklicherweise geschah es bald, daß das Herz der Schönen frei wurde. Ihr Freund bemerkte es mit Vergnügen und suchte ihr vorzustellen, daß der erledigte Platz ihm vor allen andern gebühre. Nicht ohne Widerstand und Widerwillen gab sie seinen Wünschen Gehör. ›Ich fürchte‹, sagte sie, ›daß ich über dieser Nachgiebigkeit das Schätzbarste auf der Welt, einen Freund, verliere.‹ Sie hatte richtig geweissagt; denn kaum hatte er eine Zeitlang in seiner doppelten Eigenschaft bei ihr gegolten, so fingen seine Launen an, beschwerlicher zu werden: als Freund forderte er ihre ganze Achtung, als Liebhaber ihre ganze Neigung und als ein verständiger und angenehmer Mann unausgesetzte Unterhaltung. Dies aber war keinesweges nach dem Sinne des lebhaften Mädchens; sie konnte sich in keine Aufopferung finden und hatte nicht Lust, irgend jemand ausschließliche Rechte zuzugestehen. Sie suchte daher auf eine zarte Weise seine Besuche nach und nach zu verringern, ihn seltner zu sehen und ihn fühlen zu lassen, daß sie um keinen Preis der Welt ihre Freiheit weggebe.

Sobald er es merkte, fühlte er sich vom größten Unglück betroffen, und leider befiehl ihn dieses Unheil nicht allein: seine häuslichen Angelegenheiten fingen an, äußerst schlimm zu werden. Er hatte sich dabei den Vorwurf zu machen, daß er von früher Jugend an sein Vermögen als eine unerschöpfliche Quelle angesehen, daß er seine Handelsangelegenheiten versäumt, um auf Reisen und in der großen Welt eine vornehmere und reichere Figur zu spielen, als ihm seine Geburt und sein Einkommen gestatteten. Die Prozesse, auf die er seine Hoffnung setzte, gingen langsam und waren kostspielig. Er mußte deshalb einigemal nach Palermo, und während seiner letzten Reise machte das kluge Mädchen verschiedene Einrichtungen, um ihrer Haushaltung eine andere Wendung zu geben und ihn nach und nach von sich zu entfernen. Er kam zurück und fand sie in einer andern Wohnung, entfernt von der seinigen, und sah den Marchese von S., der damals auf die öffentlichen Lustbarkeiten und Schauspiele großen Einfluß hatte, vertraulich bei ihr aus und ein gehen. Dies überwältigte ihn, und er fiel in eine schwere Krankheit. Als die Nachricht davon zu seiner Freundin gelangte, eilte sie zu ihm, sorgte für ihn, richtete seine Aufwartung ein, und als ihr nicht verborgen blieb, daß seine Kasse nicht zum besten bestellt war, ließ sie eine ansehnliche Summe zurück, die hinreichend war, ihn auf einige Zeit zu beruhigen.

Durch die Anmaßung, ihre Freiheit einzuschränken, hatte der Freund schon viel in ihren Augen verloren; wie ihre Neigung zu ihm abnahm, hatte ihre Aufmerksamkeit auf ihn zugenommen; endlich hatte die Entdeckung, daß er in seinen eigenen Angelegenheiten so unklug gehandelt habe, ihr nicht die günstigsten Begriffe von seinem Verstande und seinem Charakter gegeben. Indessen bemerkte er die große Veränderung nicht, die in ihr vorgegangen war; vielmehr schien ihre Sorgfalt für seine Genesung, die Treue, womit sie halbe Tage lang an seinem Lager aushielt, mehr ein Zeichen ihrer Freundschaft und Liebe als ihres Mitleids zu sein, und er hoffte nach seiner Genesung in alle Rechte wieder eingesetzt zu werden.

Wie sehr irrte er sich! In dem Maße, wie seine Gesundheit wiederkam und seine Kräfte sich erneuerten, verschwand bei ihr jede Art von Neigung und Zutrauen, ja er schien ihr so lästig, als er ihr sonst angenehm gewesen war. Auch war seine Laune, ohne daß er es selbst bemerkte, während dieser Begebenheiten höchst bitter und verdrießlich geworden; alle Schuld, die er an seinem Schicksal haben konnte, warf er auf andere und wußte sich in allem völlig zu rechtfertigen. Er sah in sich nur einen unschuldig verfolgten, gekränkten, betrübten Mann und hoffte völlige Entschädigung alles Übels und aller Leiden von einer vollkommenen Ergebenheit seiner Geliebten.

Mit diesen Anforderungen trat er gleich in den ersten Tagen hervor, als er wieder ausgehen und sie besuchen konnte. Er verlangte nichts weniger, als daß sie sich ihm ganz ergeben, ihre übrigen Freunde und Bekannten verabschieden, das Theater verlassen und ganz allein mit ihm und für ihn leben sollte. Sie zeigte ihm die Unmöglichkeit, seine Forderungen zu bewilligen, erst auf eine scherzhafte, dann auf eine ernsthafte Weise, und war leider endlich genötigt, ihm die traurige Wahrheit, daß ihr Verhältnis gänzlich vernichtet sei, zu gestehen. Er verließ sie und sah sie nicht wieder.

Er lebte noch einige Jahre in einem sehr eingeschränkten Kreise oder vielmehr bloß in der Gesellschaft einer alten, frommen Dame, die mit ihm in einem Hause wohnte und sich von wenigen Renten erhielt. In dieser Zeit gewann er den einen Prozeß und bald darauf den andern; allein seine Gesundheit war untergraben und das Glück seines Lebens verloren. Bei einem geringen Anlaß fiel er abermals in eine schwere Krankheit; der Arzt kündigte ihm den Tod an. Er vernahm sein Urteil ohne Widerwillen, nur wünschte er, seine schöne Freundin noch einmal zu sehen. Er schickte seinen Bedienten zu ihr, der sonst, in glücklichern Zeiten, manche günstige Antwort gebracht hatte. Er ließ sie bitten; sie schlug es ab. Er schickte zum zweitenmal und ließ sie beschwören; sie beharrte auf ihrem Sinne. Endlich, es war schon tief in der Nacht, sendete er zum drittenmal; sie ward bewegt und vertraute mir ihre Verlegenheit, denn ich war eben mit dem Marchese und einigen andern Freunden bei ihr zum Abendessen. Ich riet ihr und bat sie, dem Freunde den letzten Liebesdienst zu erzeigen; sie schien unentschlossen, aber nach einigem Nachdenken nahm sie sich zusammen. Sie schickte den Bedienten mit einer abschläglichen Antwort weg, und er kam nicht wieder.

Wir saßen nach Tische in einem vertrauten Gespräch und waren alle heiter und guten Muts. Es war gegen Mitternacht, als sich auf einmal eine klägliche, durchdringende, ängstliche und lang nachtönende Stimme hören ließ. Wir fuhren zusammen, sahen einander an und sahen uns um, was aus diesem Abenteuer werden sollte. Die Stimme schien an den Wänden zu verklingen, wie sie aus der Mitte des Zimmers hervorgedrungen war. Der Marchese stand auf und sprang ans Fenster, und wir andern bemühten uns um die Schöne, welche ohnmächtig dalag. Sie kam erst langsam zu sich selbst. Der eifersüchtige und heftige Italiener sah kaum ihre wieder aufgeschlagenen Augen, als er ihr bittre Vorwürfe machte. ›Wenn Sie mit Ihren Freunden Zeichen verabreden‹, sagte er, ›so lassen Sie doch solche weniger auffallend und heftig sein.‹ Sie antwortete ihm mit ihrer gewöhnlichen Gegenwart des Geistes, daß, da sie jedermann und zu jeder Zeit bei sich zu sehen das Recht habe, sie wohl schwerlich solche traurige und schreckliche Töne zur Vorbereitung angenehmer Stunden wählen würde.

Und gewiß, der Ton hatte etwas unglaublich Schreckhaftes. Seine lange nachdröhnenden Schwingungen waren uns allen in den Ohren, ja in den Gliedern geblieben. Sie war blaß, entstellt und immer der Ohnmacht nahe; wir mußten die halbe Nacht bei ihr bleiben. Es ließ sich nichts weiter hören. Die andere Nacht dieselbe Gesellschaft, nicht so heiter als Tags vorher, aber doch gefaßt genug, und – um dieselbige Zeit derselbe gewaltsame, fürchterliche Ton.

Wir hatten indessen über die Art des Schreies, und wo er herkommen möchte, unzählige Urteile gefällt und unsre Vermutungen erschöpft. Was soll ich weitläufig sein? Sooft sie zu Hause aß, ließ er sich um dieselbige Zeit vernehmen, und zwar, wie man bemerken wollte, manchmal stärker, manchmal schwächer. Ganz Neapel sprach von diesem Vorfall. Alle Leute des Hauses, alle Freunde und Bekannte nahmen den lebhaftesten Teil daran, ja die Polizei ward aufgerufen. Man stellte Spione und Beobachter aus. Denen auf der Gasse schien der Klang aus der freien Luft zu entspringen, und in dem Zimmer hörte man ihn gleichfalls ganz in unmittelbarer

Nähe. Sooft sie auswärts aß, vernahm man nichts; sooft sie zu Hause war, ließ sich der Ton hören.

Aber auch außer dem Hause blieb sie nicht ganz von diesem bösen Begleiter verschont. Ihre Anmut hatte ihr den Zutritt in die ersten Häuser geöffnet. Sie war als eine gute Gesellschafterin überall willkommen, und sie hatte sich, um dem bösen Gaste zu entgehen, angewöhnt, die Abende außer dem Hause zu sein.

Ein Mann, durch sein Alter und seine Stelle ehrwürdig, führte sie eines Abends in seinem Wagen nach Hause. Als sie vor ihrer Türe von ihm Abschied nimmt, entsteht der Klang zwischen ihnen beiden, und man hebt diesen Mann, der so gut wie tausend andere die Geschichte wußte, mehr tot als lebendig in seinen Wagen.

Ein andermal fährt ein junger Tenor, den sie wohl leiden konnte, mit ihr abends durch die Stadt, eine Freundin zu besuchen. Er hatte von diesem seltsamen Phänomen reden hören und zweifelte, als ein muntrer Knabe, an einem solchen Wunder. Sie sprachen von der Begebenheit. ›Ich wünschte doch auch‹, sagte er, ›die Stimme Ihres unsichtbaren Begleiters zu hören; rufen Sie ihn doch auf, wir sind ja zu zweien und werden uns nicht fürchten!‹ Leichtsinn oder Kühnheit, ich weiß nicht, was sie vermochte, genug, sie ruft dem Geiste, und in dem Augenblicke entsteht mitten im Wagen der schmetternde Ton, läßt sich dreimal schnell hintereinander gewaltsam hören und verschwindet mit einem bänglichen Nachklang. Vor dem Hause ihrer Freundin fand man beide ohnmächtig im Wagen, nur mit Mühe brachte man sie wieder zu sich und vernahm, was ihnen begegnet sei.

Die Schöne brauchte einige Zeit, sich zu erholen.

Dieser immer erneuerte Schrecken griff ihre Gesundheit an, und das klingende Gespenst schien ihr einige Frist zu verstatten, ja sie hoffte sogar, weil es sich lange nicht wieder hören ließ, endlich völlig davon befreit zu sein. Allein diese Hoffnung war zu frühzeitig.

Nach geendigtem Karneval unternahm sie mit einer Freundin und einem Kammermädchen eine kleine Lustreise. Sie wollte einen Besuch auf dem Lande machen; es war Nacht, ehe sie ihren Weg vollenden konnten, und da noch am Fuhrwerke etwas zerbrach, mußten sie in einem schlechten Wirtshaus übernachten und sich so gut als möglich einrichten.

Schon hatte die Freundin sich niedergelegt, und das Kammermädchen, nachdem sie das Nachtlicht angezündet hatte, wollte eben zu ihrer Gebieterin ins andre Bett steigen, als diese scherzend zu ihr sagte: ›Wir sind hier am Ende der Welt, und das Wetter ist abscheulich, sollte er uns wohl hier finden können?‹ Im Augenblick ließ er sich hören, stärker und fürchterlicher als jemals. Die Freundin glaubte nicht anders, als die Hölle sei im Zimmer, sprang aus dem Bette, lief, wie sie war, die Treppe hinunter und rief das ganze Haus zusammen. Niemand tat diese Nacht ein Auge zu. Allein es war auch das letztemal, daß sich der Ton hören ließ. Doch hatte leider der ungebetene Gast bald eine andere, lästigere Weise, seine Gegenwart anzuzeigen.

Einige Zeit hatte er Ruhe gehalten, als auf einmal abends zur gewöhnlichen Stunde, da sie mit ihrer Gesellschaft zu Tische saß, ein Schuß, wie aus einer Flinte oder stark geladnen Pistole, zum Fenster herein fiel. Alle hörten den Knall, alle sahen das Feuer, aber bei näherer Untersuchung fand man die Scheibe ohne die mindeste Verletzung. Desungeachtet nahm die Gesellschaft den Vorfall sehr ernsthaft, und alle glaubten, daß man der Schönen nach dem Leben stehe. Man eilt nach der Polizei, man untersucht die benachbarten Häuser, und da man nichts Verdächtiges findet, stellt man darin den andern Tag Schildwachen von oben bis unten. Man durchsucht genau das Haus, worin sie wohnt, man verteilt Spione auf der Straße.

Alle diese Vorsicht war vergebens. Drei Monate hintereinander fiel in demselbigen Augenblicke der Schuß durch dieselbe Fensterscheibe, ohne das Glas zu verletzen, und, was merkwürdig war, immer genau eine Stunde vor Mitternacht, da doch gewöhnlich in Neapel nach der italienischen Uhr gezählt wird und Mitternacht daselbst eigentlich keine Epoche macht.

Man gewöhnte sich endlich an diese Erscheinung wie an die vorige und rechnete dem Geiste seine unschädliche Tücke nicht hoch an. Der Schuß fiel manchmal, ohne die Gesellschaft zu erschrecken oder sie in ihrem Gespräch zu unterbrechen.

Eines Abends nach einem sehr warmen Tage öffnete die Schöne, ohne an die Stunde zu denken, das bewußte Fenster und trat mit dem Marchese auf den Balkon. Kaum standen sie einige Minuten draußen, als der Schuß zwischen ihnen beiden durch fiel und sie mit Gewalt rückwärts in das Zimmer schleuderte, wo sie ohnmächtig auf den Boden taumelten. Als sie sich wieder erholt hatten, fühlte er auf der linken, sie aber auf der rechten Wange den Schmerz einer tüchtigen Ohrfeige, und da man sich weiter nicht verletzt fand, gab der Vorfall zu mancherlei scherzhaften Bemerkungen Anlaß.

Von der Zeit an ließ sich dieser Schall im Hause nicht

wieder hören, und sie glaubte nun endlich ganz von ihrem unsichtbaren Verfolger befreit zu sein, als auf einem Wege, den sie des Abends zu einer Freundin machte, ein unvermutetes Abenteuer sie nochmals auf das gewaltsamste erschreckte. Ihr Weg ging durch die Chiaja, wo ehemals der geliebte genuesische Freund gewohnt hatte. Es war heller Mondschein. Eine Dame, die bei ihr saß, fragte: ›Ist das nicht das Haus, in welchem der Herr*** gestorben ist?‹

– ›Es ist eins von diesen beiden, soviel ich weiß‹, sagte die Schöne, und in dem Augenblicke fiel aus einem dieser beiden Häuser der Schuß und drang durch den Wagen durch. Der Kutscher glaubte angegriffen zu sein und fuhr mit aller möglichen Geschwindigkeit fort. An dem Orte ihrer Bestimmung hob man die beiden Frauen für tot aus dem Wagen.

Aber dieser Schrecken war auch der letzte. Der unsichtbare Begleiter änderte seine Methode, und nach einigen Abenden erklang vor ihren Fenstern ein lautes Händeklatschen. Sie war als beliebte Sängerin und Schauspielerin diesen Schall schon mehr gewohnt. Er hatte an sich nichts Schreckliches, und man konnte ihn eher einem ihrer Bewunderer zuschreiben. Sie gab wenig darauf acht; ihre Freunde waren aufmerksamer und stellten wie das vorigemal Posten aus. Sie hörten den Schall, sahen aber vor wie nach niemand, und die meisten hofften nun bald auf ein völliges Ende dieser Erscheinungen.

Nach einiger Zeit verlor sich auch dieser Klang und verwandelte sich in angenehmere Töne. Sie waren zwar nicht eigentlich melodisch, aber unglaublich angenehm und lieblich. Sie schienen den genauesten Beobachtern von der Ecke einer Querstraße her zu kommen, im leeren Luftraume bis unter das Fenster hinzuschweben und dann dort auf das sanfteste zu verklingen. Es war, als wenn ein himmlischer Geist durch ein schönes Präludium aufmerksam auf eine Melodie machen wollte, die er eben vorzutragen im Begriff sei. Auch dieser Ton verschwand endlich und ließ sich nicht mehr hören, nachdem die ganze wunderbare Geschichte etwa anderthalb Jahre gedauert hatte.«

Als der Erzähler einen Augenblick innehielt, fing die Gesellschaft an, ihre Gedanken und Zweifel über diese Geschichte zu äußern, ob sie wahr sei, ob sie auch wahr sein könne.

Der Alte behauptete, sie müsse wahr sein, wenn sie interessant sein solle; denn für eine erfundene Geschichte habe sie wenig Verdienst. Jemand bemerkte darauf, es scheine sonderbar, daß man sich nicht nach dem abgeschiedenen Freunde und nach den Umständen seines Todes erkundigt, weil doch daraus vielleicht einiges zur Aufklärung der Geschichte hätte genommen werden können.

»Auch dieses ist geschehen«, versetzte der Alte; »ich war selbst neugierig genug, sogleich nach der ersten Erscheinung in sein Haus zu gehen und unter einem Vorwand die Dame zu besuchen, welche zuletzt recht mütterlich für ihn gesorgt hatte. Sie erzählte mir, daß ihr Freund eine unglaubliche Leidenschaft für das Frauenzimmer gehegt habe, daß er die letzte Zeit seines Lebens fast allein von ihr gesprochen und sie bald als einen Engel, bald als einen Teufel vorgestellt habe.

Als seine Krankheit überhandgenommen, habe er nichts gewünscht, als sie vor seinem Ende noch einmal zu sehen, wahrscheinlich in der Hoffnung, nur noch eine zärtliche Äußerung, eine Reue oder sonst irgendein Zeichen der Liebe und Freundschaft von ihr zu erzwingen. Desto schrecklicher sei ihm ihre anhaltende Weigerung gewesen, und sichtbar habe die letzte, entscheidende abschlägliche Antwort sein Ende beschleunigt. Verzweifelnd habe er ausgerufen: ›Nein, es soll ihr nichts helfen! Sie vermeidet mich; aber auch nach meinem Tode soll sie keine Ruhe vor mir haben!‹ Mit dieser Heftigkeit verschied er, und nur zu sehr mußten wir erfahren, daß man auch jenseits des Grabes Wort halten könne.«

E. T. A. HOFFMANN

Das Schneiderlein aus Sachsenhausen

Ich weiß nicht, ob der geneigte Leser die merkwürdige Geschichte von dem Schneiderlein aus Sachsenhausen kennt? – Hier ist sie:

Geschichte des Schneiderleins aus Sachsenhausen

Es begab sich, daß ein zartes frommes Schneiderlein zu Sachsenhausen an einem Sonntage gar schön geputzt mit seiner Frau Liebsten aus der Kirche kam. Die Luft war rauh, das Schneiderlein hatte zu Nacht nichts genossen als ein halbes weichgesottenes Ei und eine Pfeffergurke, morgens aber ein kleines Schälchen Kaffee. Wollte ihm daher flau und erbärmlich zumute werden, weil er überdem in der Kirche gar heftig gesungen, und ihm nach einem Magenschnäpschen gelüsten. War die Woche über fleißig gewesen und auch artig gegen die Frau Liebste, der er von den Stücken Zeug, die beim Zuschneiden unter die Bank gefallen, einen propren Unterrock gefertigt. Frau Liebste bewilligte als freundlich, daß das Schneiderlein in die Apotheke treten und ein erwärmendes Schnäpschen genießen möge. Trat auch wirklich in die Apotheke und forderte dergleichen. Der ungeschickte Lehrbursche, der allein in der Apotheke zurückgeblieben, da der Rezeptarius, das Subjekt, kurz alle übrigen klügeren Leute fortgegangen, vergriff sich und holte eine verschlossene Flasche vom Repositorio herab, in der kein Magenelixier befindlich, wohl aber brennbar Luft, womit die Luftbälle gefüllt werden. Davon schenkte der Lehrbursche ein Gläschen voll; das setzte das Schneiderlein stracks an den Mund und schlürfte die Luft begierig hinunter als ein angenehmes Labsal. Wurde ihm aber alsbald gar possierlich zumute, war ihm, als hätte er ein Paar Flügel an den Achseln oder als spiele jemand mit ihm Fangball. Denn ellenhoch und immer höher mußte er in der Apotheke aufsteigen und niedersinken. »Ei Jemine, Jemine«, rief er, »wie bin ich doch solch ein flinker Tänzer geworden!« – Aber dem Lehrburschen stand das Maul offen vor lauter Verwunderung. Geschah nun, daß jemand die Türe rasch aufriß, so daß das Fenster gegenüber aufsprang. Strömte alsbald ein starker Luftzug durch die Apotheke, erfaßte das Schneiderlein, und schnell wie der Wind war es fort durch das offne Fenster in alle Lüfte; niemand hat es wieder gesehen. Begab sich nach mehrerer Zeit, daß die Sachsenhäuser zur Abendzeit hoch in den Lüften eine Feuerkugel erblickten, die mit blendendem Glanz die ganze Gegend erleuchtete und dann verlöschend zur Erde hinabfiel. Wollten alle wissen, was zur Erde gefallen, liefen hin an den Ort, fanden aber nichts als ein kleines Klümpchen Asche; dabei aber den Dorn einer Schuhschnalle, ein Stückchen eiergelben Atlas mit bunten Blumen und ein schwarzes Ding, das beinahe anzusehen war wie ein Stockknopf von schwarzem Horn. Haben alle darüber nachgedacht, wie solche Sachen in einer Feuerkugel aus dem Himmel fallen mögen. Da ist aber die Frau Liebste des entfahrnen Schneiderleins dazugekommen, und als diese die gefundenen Sachen erblickt, hat sie die Hände gerungen, gar erbärmlich getan und geschrien: »Ach Jammer, das ist meines Liebsten Schnallendorn, ach Jammer, das ist meines Liebsten Sonntagsweste, ach Jammer, das ist meines Liebsten Stockknopf!« Hat aber ein großer Gelehrter erklärt, der Stockknopf sei kein Stockknopf, sondern ein Meteorstein oder ein mißratener Weltkörper. Ist nun aber auf diese Weise den Sachsenhäusern und aller Welt kund worden, daß das arme Schneiderlein, dem der Apothekerbursche brennbare Luft gegeben statt Magenschnaps, in den hohen Lüften verbrannt und heruntergesunken ist zur Erde als Meteorstein oder mißratner Weltkörper.

MARTIN SUTER

Hunold, Manager und Familienvater

Hunold kann auch abschalten und nur für die Familie dasein. In der Regel Ende Juli. Dann läßt er die Firma Firma sein und geht in die Sommerferien. Zwar nicht vier Wochen wie Linda und die Kinder, aber immerhin zehn Tage. Es kommt ja nicht in erster Linie auf die Länge an, die Intensität ist es, die zählt. Und in puncto Intensität ist Hunold stark.

Er kommt so Mitte der zweiten Woche und meidet damit die gehässigen ersten Tage. Bei seiner Ankunft sind die Sonnenschutzfaktoren schon runter auf zehn, und Annina (7) und Terry (9) wissen, wo es die beste Pizza gibt und was »ein Magnum mit Mandelsplitter« in der Landessprache heißt. Linda ist braun genug für die neue Feriengarderobe und bewegt sich mit der Nonchalance einer erschöpften Mutter von zwei kleinen Kindern nach zehn Tagen Kampf gegen Ultraviolett, Quallen, Hitze und unterschiedliche Auffassungen in fast allen Fragen des täglichen Lebens. Wenn Hunold ankommt, ist die Familie bereit für ihn.

Den Abend nach seiner Ankunft *widmet* er Linda. Sobald sie die Kinder ins Bett gebracht hat, besitzt sie seine ungeteilte Aufmerksamkeit. Dann kann sie ihm einmal all das erzählen, wofür ihm sonst seine Managementaufgaben (letztlich ja seine Aufgaben als Ernährer) keine Zeit lassen. Das ist der Moment, wo er *zuhört*, wo er alles wissen will über die kleinen Sorgen und Sensatiönchen des Alltags einer Mutter zweier Kinder und Frau eines Executive Vice President der Schweizer Niederlassung eines internationalen Markenartiklers. Wenn es nicht zu spät wird oder einer seiner praktischen Ratschläge zu Haushaltführung oder Kindererziehung zu einer Verstimmung geführt hat, intensiviert er nach dem Zubettgehen die Beziehung auch noch über das rein Geistige hinaus.

Der Tag gehört dann der ganzen Familie. Er beginnt mit dem *gemeinsamen* Frühstück. Sich hinsetzen, sich *zuwenden*. »Wie würdest du Qualle schreiben, Annina?« – »Wie heißt das Land, wo wir sind, und wie seine Hauptstadt, Terry?« Kinder sind ja so wissensdurstig.

Das Programm des ersten Tages sieht keinen Strandbesuch vor. Das hat vor allem pädagogische Gründe. Hunold will mit dieser unpopulären Maßnahme seine natürliche Autorität von Anfang an wiederherstellen, Kinder brauchen Führung, sie wollen, daß ihnen jemand sagt, wo es langgeht. Natürlich ist das im Normalfall Linda, aber kann eine Mutter auf die Länge den Vater ersetzen? Ein Tag ohne die Ablenkung des Strandlebens verbessert die Intensität des Zusammenseins. Und auch die persönliche Erreichbarkeit am ersten Tag seiner Firmenabwesenheit.

Hunold *beschäftigt* sich also rückhaltlos mit seinen Kindern. Was sind das für kleine Menschlein, die er hier führt, für die er sorgt, die zu ihm *aufschauen*, die ihm *vertrauen*? Welche seiner Bewegungen, Züge, Charaktereigenschaften, Talente *entdeckt* er in ihnen wieder? Wie kann er *wecken*, *motivieren*, *fördern*?

Er versucht ihnen die Landessprache des Ferienortes näherzubringen, denn Kinder lernen Sprachen ja so leicht. Er bemüht sich, ihren Ekel vor Fisch zu überwinden, denn Kinder brauchen Phosphor und Magnesium. Er erzählt ihnen ausführlich über seine Tätigkeit als Executive Vice President, denn Kinder wollen wissen: Was ist das für ein Mensch, mein Papi? Was tut er, wenn er am Morgen früh weggeht und am Abend spät zurückkommt?

Im Bett nach dem ersten gemeinsamen Ferientag fragt Annina ihre Mutter: »Wievielmal schlafen, bis Papi wieder arbeiten muß?«

»Acht mal«, antwortet Linda Hunold ohne nachzurechnen.

THEODOR STORM

Der kleine Häwelmann

Ein Kindermärchen

Es war einmal ein kleiner Junge, der hieß Häwelmann. Des Nachts schlief er in einem Rollenbett und auch des Nachmittags, wenn er müde war; wenn er aber nicht müde war, so mußte seine Mutter ihn darin in der Stube umherfahren, und davon konnte er nie genug bekommen.

Nun lag der kleine Häwelmann eines Nachts in seinem Rollenbett und konnte nicht einschlafen; die Mutter aber schlief schon lange neben ihm in ihrem großen Himmelbett. »Mutter«, rief der kleine Häwelmann, »ich will fahren!« Und die Mutter langte im Schlaf mit dem Arm aus dem Bett und rollte die kleine Bettstelle hin und her, und wenn ihr der Arm müde werden wollte, so rief der kleine Häwelmann: »Mehr, mehr!«, und dann ging das Rollen wieder von vorne an. Endlich aber schlief sie gänzlich ein; und soviel Häwelmann auch schreien mochte, sie hörte es nicht; es war rein vorbei. – – Da dauerte es nicht lange, so sah der Mond in die Fensterscheiben, der gute alte Mond, und was er da sah, war so possierlich, daß er sich erst mit seinem Pelzärmel über das Gesicht fuhr, um sich die Augen auszuwischen; so etwas hatte der alte Mond all sein Lebtage nicht gesehen. Da lag der kleine Häwelmann mit offenen Augen in seinem Rollenbett und hielt das eine Beinchen wie einen Mastbaum in die Höhe. Sein kleines Hemd hatte er ausgezogen und hing es wie ein Segel an seiner kleinen Zehe auf; dann nahm er ein Hemdzipfelchen in jede Hand und fing mit beiden Backen an zu blasen. Und allmählich, leise, leise, fing es an zu rollen, über den Fußboden, dann die Wand hinauf, dann kopfüber die Decke entlang und dann die andere Wand wieder hinunter. »Mehr, mehr!« schrie Häwelmann, als er wieder auf dem Boden war; und dann blies er wieder seine Backen auf, und dann ging es wieder kopfüber und kopfunter. Es war ein großes Glück für den kleinen Häwelmann, daß es gerade Nacht war und die Erde auf dem Kopf stand; sonst hätte er doch gar zu leicht den Hals brechen können.

Als er dreimal die Reise gemacht hatte, guckte der Mond ihm plötzlich ins Gesicht. »Junge«, sagte er, »hast du noch nicht genug?« – »Nein«, schrie Häwelmann, »mehr, mehr! Mach mir die Tür auf! Ich will durch die Stadt fahren; alle Menschen sollen mich fahren sehen.« – »Das kann ich nicht«, sagte der gute Mond; aber er ließ einen langen Strahl durch das Schlüsselloch fallen;

und darauf fuhr der kleine Häwelmann zum Hause hinaus.

Auf der Straße war es ganz still und einsam. Die hohen Häuser standen im hellen Mondschein und glotzten mit ihren schwarzen Fenstern recht dumm in die Stadt hinaus; aber die Menschen waren nirgends zu sehen. Es rasselte recht, als der kleine Häwelmann in seinem Rollenbette über das Straßenpflaster fuhr; und der gute Mond ging immer neben ihm und leuchtete. So fuhren sie Straßen aus, Straßen ein; aber die Menschen waren nirgends zu sehen. Als sie bei der Kirche vorbeikamen, da krähte auf einmal der große goldene Hahn auf dem Glockenturme. Sie hielten still. »Was machst du da?« rief der kleine Häwelmann hinauf. – »Ich krähe zum erstenmal!« rief der goldene Hahn herunter. – »Wo sind denn die Menschen?« rief der kleine Häwelmann hinauf. – »Die schlafen«, rief der goldene Hahn herunter, »wenn ich zum drittenmal krähe, dann wacht der erste Mensch auf.« – »Das dauert mir zu lange«, sagte Häwelmann, »ich will in den Wald fahren, alle Tiere sollen mich fahren sehen!« – »Junge«, sagte der gute alte Mond, »hast du noch nicht genug?« – »Nein«, schrie Häwelmann, »mehr, mehr! Leuchte, alter Mond, leuchte!« Und damit blies er die Backen auf, und der gute alte Mond leuchtete, und so fuhren sie zum Stadttor hinaus und übers Feld und in den dunkeln Wald hinein. Der gute Mond hatte große Mühe, zwischen den vielen Bäumen durchzukommen; mitunter war er ein ganzes Stück zurück, aber er holte den kleinen Häwelmann doch immer wieder ein.

Im Walde war es still und einsam; die Tiere waren nicht zu sehen; weder die Hirsche noch die Hasen, auch nicht die kleinen Mäuse. So fuhren sie immer weiter, durch Tannen- und Buchenwälder, bergauf und bergab. Der gute Mond ging nebenher und leuchtete in alle Büsche; aber die Tiere waren nicht zu sehen; nur eine kleine Katze saß oben in einem Eichbaum und funkelte mit den Augen. Da hielten sie still. »Das ist der kleine Hinze!« sagte Häwelmann, »ich kenne ihn wohl; er will die Sterne nachmachen.« Und als sie weiterfuhren, sprang die kleine Katze mit von Baum zu Baum. »Was machst du da?« rief der kleine Häwelmann hinauf. – »Ich illuminiere!« rief die kleine Katze herunter. – »Wo sind denn die andern Tiere?« rief der kleine Häwelmann hinauf. – »Die schlafen«, rief die kleine Katze herunter und sprang wieder einen Baum weiter; »horch nur, wie sie schnarchen!« – »Junge«, sagte der gute alte Mond, »hast du noch nicht genug?« – »Nein«, schrie Häwelmann, »mehr, mehr! Leuchte, alter Mond, leuchte!« Und dann blies er die Backen auf, und der gute alte Mond leuchtete; und so fuhren sie zum Walde hinaus und dann über die Heide bis ans Ende der Welt, und dann gerade in den Himmel hinein.

Hier war es lustig; alle Sterne waren wach und hatten die Augen auf und funkelten, daß der ganze Himmel blitzte. »Platz da!« schrie Häwelmann und fuhr in den hellen Haufen hinein, daß die Sterne links und rechts vor Angst vom Himmel fielen. – »Junge«, sagte der gute alte Mond, »hast du noch nicht genug?« – »Nein!« schrie der kleine Häwelmann, »mehr, mehr!« Und – hast du nicht gesehen! fuhr er dem alten guten Mond quer über die Nase, daß er ganz dunkelbraun im Gesicht wurde. »Pfui!« sagte der Mond und nieste dreimal. »Alles mit Maßen!« Und damit putzte er seine Laterne aus, und alle Sterne machten die Augen zu. Da wurde es im ganzen Himmel auf einmal so dunkel, daß man es ordentlich mit Händen greifen konnte. »Leuchte, alter Mond, leuchte!« schrie Häwelmann, aber der Mond war nirgends zu sehen und auch die Sterne nicht; sie waren schon alle zu Bett gegangen. Da fürchtete der kleine Häwelmann sich sehr, weil er so allein im Himmel war. Er nahm seine Hemdzipfelchen in die Hände und blies die Backen auf; aber er wußte weder aus noch ein, er fuhr kreuz und quer, hin und her, und niemand sah ihn fahren, weder die Menschen noch die Tiere, noch auch die lieben Sterne.

Da guckte endlich unten, ganz unten am Himmelsrande ein rotes rundes Gesicht zu ihm herauf, und der kleine Häwelmann meinte, der Mond sei wieder aufgegangen. »Leuchte, alter Mond, leuchte!« rief er. Und dann blies er wieder die Backen auf und fuhr quer durch den ganzen Himmel und gerade drauflos. Es war aber die Sonne, die gerade aus dem Meere heraufkam. »Junge«, rief sie und sah ihm mit ihren glühenden Augen ins Gesicht, »was machst du hier in meinem Himmel?« Und – eins, zwei, drei! nahm sie den kleinen Häwelmann und warf ihn mitten in das große Wasser. Da konnte er schwimmen lernen.

Und dann?

Ja und dann? Weißt du nicht mehr? Wenn ich und du nicht gekommen wären und den kleinen Häwelmann in unser Boot genommen hätten, so hätte er doch leicht ertrinken können!

PETER ALTENBERG

Sonnenuntergang im Prater

Sie waren stundenlang im Grabenkiosk gesessen, letzter Augusttag, hatten Fiaker betrachtet mit Fremden, Automobile, wie Zugvögel von fernen Reisen, Damen auf dem Trottoire, die wunderbar sicher dahinglitten, und andere, die trippelten und tänzelten, um etwas Besonderes aus sich zu machen.

In dem Kiosk saß eine Französin, die man nur mit den Augen grüßte. Und ein süßes, junges Geschöpf mit seiner »Tante«, das man auch nur mit den Augen begrüßte. Und fremde Damen mit Schleierhüten, die man überhaupt nicht grüßte. Und einige Männer, die schon vom Urlaube zurückgekehrt waren. Alle diese Menschen kamen sich ein bißchen deklassiert vor, daß man sie im Grabenkiosk ertappte in der Haute-Saison, während die anderen noch in Ostende oder Biarritz – – –

Die beiden Freunde machten trotz alledem einige wichtige Beobachtungen, sammelten einige seltene Exemplare von Menschlein für ihre innerliche Käfersammlung, spießten sie auf, teilten sie ein in allgemeinere Klassen.

Um sechs Uhr kam das rote Automobil, Mercedes 18–24, entführte sie in die Krieau. Dort war ganz staubfreie Landluft und Stille. Ein Herr in schwarzem Anzug und schneeweißen Handschuhen bestieg ein Pferd. Ein Fiaker brachte eine Tänzerin (die Hofoper war bereits geöffnet), ein graues Automobil kam an, dumpf, Bariton singend, also über 30 HP. Das Gärtchen war voll gelber Blumen, die wie kleine Sonnenblumen aussahen, und die Kaninchen im Käfig stellten die Ohren unregelmäßig schief. Die beiden Freunde rauchten Prinzesas und glotzten auf die zumeist leeren weißen Tische und Bänke. Im Vorfrühling, im Herbste entwickelt sich hier ein Leben und »Treiben«. Aber man hatte den 31. August!

Infolgedessen fuhren die beiden Freunde weiter zum Winterhafen.

Donau, kleines Bahngeleise, große Lederfabrik, holperiges Granitpflaster, gut genug für Schneckengang gehende breiträderige Lastwagen! Das Automobil aber sprang, galoppierte, hüpfte, war wie deklassiert auf dieser gepflasterten Lastenstraße. Links war der Winterhafen, rechts ein erhöhtes Plateau aus Donausand und Donaukieselsteinen errichtet, bespickt mit jungen Birken. Da hatte man einen Rundblick auf bleigraue Hügel, schwarze Fabrikschornsteine und die Glut des Sonnenunterganges. Man sah das düstere Pulvermagazin, den Laaerberg, den Zentralfriedhof, den Kahlenberg – – –. Wie in grauem, flüssigem Blei des Himmels und der Erde wogte die dunkelrote Glut der Sonnenuntergangsstreifen. Die Lederfabrik war wie ein schwarzes Ungeheuer, und drei riesige Schornsteine sandten schwarzen Rauch in die Glut, wie schmale Dampfspritzen, die ungeheure Brände löschen möchten! Die dünnen, zarten Birken auf dem Donauschütte bebten im Abendwind, und die beiden Freunde suchten schöne, glatte, hellbraune Kieselsteine aus als Andenken an den friedvollen Abend. Auf der Landstraße wartete das rote Automobil, Mercedes 18–24, das ein kleiner Landstraßen-Orientexpreßzug werden konnte bei Schnelligkeit vier.

Die rote Glut im Blei des Himmels wurde himbeerfarbig, dann dunkelgraurot. Die beiden Freunde sagten: »Nun gibt es nichts mehr zu schauen. Das Stück ist zu Ende.« Sie bestiegen daher das rote Automobil und sagten zu dem Chauffeur: »Geschwindigkeit vier, bitte – – –«

Sie rasten in den Grabenkiosk zurück.

Dort saß noch die Französin, die man nur mit den Augen begrüßen durfte.

Aber in dieser Stunde durfte man bereits zu ihr sagen: »Guten Abend – – –«

Und die beiden Herren sagten höflich: »Bon soir – – –.«

HEIMITO VON DODERER

Neun Kürzestgeschichten

Das Frühstück

Heute morgens frühstückte ich im Bade, etwas zerstreut. Ich goß den Tee in das zum Zähneputzen bestimmte Gefäß und warf zwei Stücke Zucker in die Badewanne, welche aber nicht genügten ein so großes Quantum Wassers merklich zu versüßen.

Unser Zeitalter

Meine Hausmeisterin hat sich von ihrem Manne scheiden lassen, was für mich insoferne eine gewisse Erleichterung bedeutet, als jenem die Kragen-Nummer mit mir gemeinsam war. Seit jedoch ihr neuer Freund darauf gekommen ist, daß man im Sommer die Hemden auch offen tragen könne, sind schon wiederum zwei neue seidene, die ich erst kürzlich in Gebrauch nahm, in der Waschanstalt verloren gegangen.

Die Liebe

Schon griff sie nach meinem Herzen, um ihre Nägel in dessen Blute zu röten; aber diese waren eigentlich schon rot, wovor mir glücklicherweise im entscheidenden Augenblicke derart grauste, daß ich den Korb, welchen sie mir vielleicht nicht gegeben hätte, mit einigen Komplimenten geschwind vor ihre Tür gesetzt habe.

Charaktere

Wenn jemand des öfteren nach nassem Hund riecht, so ist das eine Charaktersache. Aber nicht jedermann hält Charaktere dieser Art aus. Besonders jene, die nach Spiritus riechen (und nicht nur gelegentlich und aus dem Mund) sind dagegen hochempfindlich. Derart also waren die Fundamentalien eines Streites beschaffen, welcher auf der Linie 6 der Münchener Straßenbahn ausbrach, so daß der Schaffner beim Schillerdenkmal beide Beteiligten aus dem Wagen wies. Auf der Straße schimpften sie weiter und gingen erst, als ein Dritter, ölig Riechender, sich hineinmischte, von äußerstem Abscheu gegen diesen erfüllt, nach verschiedenen Richtungen rasch davon.

»Hurrah! Die Alte kriegt kein Kind!«

Glücklicherweise hat die alte Dame, meine Nachbarin – sie ist im Dreiundsiebzigsten – kein Kind bekommen. Ein Stein fällt mir vom Herzen. Ich war schon in größter Bangnis gewesen. Sie wollte eines von den herzigen holländischen Ferienkindern übernehmen, um welche die Wiener sich geradezu rissen, aber man gab natürlich solchen Familien den Vorzug, die jemand haben, der holländisch spricht. Das süße Buberl konnte zum Glücke kein Wort deutsch. Eine Wolke möglichen Lärms, die verdunkelnd über den Manuskriptblättern meines Romanes stand, ist vorübergezogen.

Das Verhängnis

Sie war noch jung, sie war hübsch und drall, gesund und froh. Nun gut, aber irgend ein Haken wird dabei sein, sonst wäre ja keine Geschichte daraus geworden. Wohlan! Sie war in fester Stellung, bei den Damen ihrer Kundschaft sehr beliebt, sie hatte auch Freude an ihrer Tätigkeit, der sie in modernen, hellen und gelüfteten weißgekachelten Räumen nachging. Nun ja, aber wir wissen doch –. Sie lernte einen jungen Mann kennen, er war ein netter Bursche, ein wohlanständiger Kerl, ebenfalls fix angestellt. Die beiden hatten einander erst zwei- oder dreimal in einem Parke getroffen. Aha! Beim dritten Male fragte er sie anteilnehmend, welchen Beruf sie denn ausübe? »Ich bin Toilettenfrau«, sagte sie, blickte durch einige Sekunden verzweifelt vor sich hin, und fügte, gleichsam entschuldigend, hinzu: »Am Hauptbahnhofe.« »Das geht nicht«, sagte er. Und verließ sie zur selben Stunde.

Vorsicht auf Reisen!

Vor vielen Jahren geriet ich auf dem Schwabinger Postamt in der Münchener Leopoldstraße in eine Prügelei hinein, die dort wegen irgendeiner Nichtigkeit ausgebrochen war – es hatte wohl jemand von den Wartenden die Reihenfolge vor dem Schalter nicht einhalten wollen – und habe bei dieser Gelegenheit einer älteren Person, die mir just nicht zu Gesichte stand, ohne eigentlichen Anlaß ein paar Ohrfeigen gegeben. Drei Jahre später wurde ich bei einem Straßenhandel in der ›Au‹ von mehreren ›Luckis‹ (münchnerisch für das berlinische ›Lude‹, das wienerische ›Pülcher‹) entsetzlich verprügelt, welche eine in die Gasse herabkeifende Stimme auf mich hetzte. Erst hintennach und in der Erinnerung erkannte ich, daß jene vom Fenster Schreiende niemand anders gewesen war, als die Person aus dem Schwabinger Postamt. Man sieht im ganzen, daß auch ein vollkommen harmloser und friedlicher Reisender in fremden Städten mitunter bedeutenden Unannehmlichkeiten ausgesetzt ist.

Die nackte Wahrheit

Unsere Hausmeisterin, eine hübsche, große und üppige Frau, wurde neulich von mir völlig unbekleidet im Treppenhause erblickt. »O Nacktheit ohne Grund!« rief ich aus. Sie aber, von dem Doppelsinne meiner Worte anscheinend tief getroffen, eilte in die Portiersloge hinab und kleidete sich vollständig an. Die Hausmeisterin ist eine beschränkte Person, von geringen intellektuellen Mitteln. Doch muß sie in allen Fällen eben auf Grund dieser geringen Mittel Stellung nehmen. Wie lebte sie denn anders? Nicht alle Torheiten, welche die Schwachköpfe glauben, werden von diesen nur aus bösem Willen verteidigt. Es scheint zudem, daß Frau Hawelka, die Hausmeisterin, deshalb nackend über die Treppe wandelte, um der Wahrheit zum Siege zu verhelfen, deren zwangsläufiges Verdunkeltwerden durch die eigene Dummheit sie also doch irgendwie gefühlt haben muß.

Quassi's Haus

Quassi baute bei uns (obgleich seiner Meinung nach die Mädchen des Dorfes ihn durch Nichtachtung beleidigt hatten) um sommers hier zu wohnen. Ich sah das kleine Haus im Rohbau. Es war nichts besonderes daran zu erblicken. Türen, Fenster und die Veranda befanden sich an den gewöhnlichen Stellen. Später bemerkte ich noch mehrere ausgesparte Luken. Erst ein Jahr nachdem er eingezogen war, ging das Geschrei im Dorfe los. Offenbar hatten die Leute bis dahin Quassi im Hause immer nur gesehen, wenn er beim Fenster heraus schaute oder in der Türe stand. Den zahlreichen Luken nach allen Seiten war von ihnen kaum Aufmerksamkeit geschenkt worden. Quassi schwor denn auch hoch und teuer, alles sei Lüge, und er habe niemals den Hinteren aus einem der Fenster seines neuen Hauses gestreckt.

HERMANN HARRY SCHMITZ

Wie es kompliziert war, bis ich in die Sommerfrische kam

Diejenigen, die in der Stadt zurückbleiben mußten, schämten sich sehr und schlichen scheu und verlegen mit gesenktem Blick durch die Straßen.

Alles, das etwas war, war in der Sommerfrische.

Mit wachsendem Neid hatte ich gesehen, wie ein Haus nach dem anderen in meiner Straße die Augen schloß zum Sommerschlaf: Jalousien, Rolläden, Blenden, Vorhänge wurden geschlossen. Die Eis, Bier, Milch und Gemüse abliefernden Männer hielten nicht mehr vor dem Haus: die Herrschaft war verreist.

Bei Bröselmanns nebenan war auch alles zu. Acht Tage waren sie weg; im Vorgarten lagen für achtmal dreißig Pfennig Brötchen. Man hatte vergessen, den Bäcker abzubestellen. Bröselmanns Bäcker war ein gewissenhafter Mensch. Sechs Wochen wollten die Herrschaften fortbleiben, dann würden sie bei ihrer Rückkehr für zweiundvierzigmal dreißig Pfennig Brötchen vor ihrer Tür vorfinden. Ich sah einmal ein Bild von Wereschtschagin, *Der Krieg*, eine Pyramide menschlicher Schädel. So ähnlich würde es vor Bröselmanns Tür nach sechs Wochen aussehen.

Oder aber Bröselmanns änderten ihren Plan und blieben noch länger aus. Ich grinste innerlich behaglich bei dem Gedanken und sah schon im Geiste die Bröselmannsche Tür vollständig von Brötchen verschüttet. Unentwegt bringt der gewissenhafte Bäcker Tag für Tag für dreißig Pfennig Brötchen. Der Vorgarten liegt voll davon. Die Brötchen kollern auf die Straße. Tag für Tag bringt der Bäcker das einmal bestellte Quantum. Fußhoch liegt das Trottoir voll Brötchen, die Straße füllt sich mählich und mählich mit Brötchen. Meterhoch liegen sie bereits. Wagen bleiben in der Masse stecken, zwei Kinder und ein Foxterrier finden den Tod in ihr. Mutige versuchen, auf Stelzen durch die Brötchen vorzudringen. Tag für Tag bringt der Bäcker für dreißig Pfennig Brötchen. Die Feuerwehr wird alarmiert, die Dampfwalze rückt heran, die städtische Straßenbau-Kommission tritt zusammen.

Die ganze Stadt wird in Brötchen ersticken, begraben werden, ein zweites Pompeji[1].

Unsere Lisette hatte es von Bröselmanns Köchin, daß man nach Ostende sei. O–o–ostende! Mich packte die Wut. Ich hatte enormen Zorn. Warum ich nicht? Sommerfrischen pumpen nicht. Man muß unbedingt über einen Fonds baren Geldes – weiß Gott: baren Geldes verfügen. –

Sinnend, grübelnd trotte ich über die menschenleeren Straßen. Auf der Schadowstraße sah ich ganz in der Ferne einen Menschen, der bei meinem Nahen schleunigst die Flucht ergriff. – Wie ausgestorben war die Stadt. Ich ging zu Richard Schwelginger, bei dem ich auf Grund seines Erfolges mit der »Prinzessin G'spusi« einiges Vermögen voraussetzte. Freilich: so ganz sicher war ich meiner Sache nicht.

Er saß mit einer Netzjacke bekleidet am Schreibtisch und blickte mir mit tiefsinnig verschleierten Augen ent-

1 Die Kunst geht nach Brötchen, heißt es bei H. H. Schmitz. Red.

gegen. Unter dem Eindruck dieses unerwarteten stummen Jammers vergaß ich zunächst den Zweck meines Besuches.

»Was ist Euch, greiser Meister?« fragte ich mit jenem Timbre in der Stimme, das aufrichtiges Mitgefühl verrät. »Vielleicht kann ich Euch helfen?«

»Daß ich kontraktlich einen Roman zu schreiben habe«, entgegnete der Dichter dumpf, »ist Ihnen nicht unbekannt, und daß die neuzeitlichen Verleger auf Temperaturextreme keine Rücksicht nehmen, darf ich bei Ihnen ebenfalls als bekannt voraussetzen … Das Leben ist eins der gemeinsten.«

Meine Kalamität fiel mir ein, ich wollte damit herausrücken, da gebot er mir aber Schweigen mit einer Geste, die Napoleons des Ersten würdig gewesen wäre.

»Dies aber nur nebenbei«, fuhr er fort. »Noch drückender als Kontrakt und Hitze empfinde ich das Dilemma –«

»Dilemma –!« warf ich ein, und Hoffnungslosigkeit breitete sich über mein Herz.

»– Dilemma gemischt ästhetischer und ökonomischer Art, in dem ich mich befinde«, erklärte er, ein Wölklein leichten Unwillens ob meiner Unterbrechung auf der Stirn.

»Für meine körperliche Wohlbeschaffenheit fürchte ich, für meine ebenmäßige Schlankheit. Dieweil ich reich geworden bin, reich wie Nabob, reich wie Krösus. Denn was tut man mit Geld anderes als Delikatessen dafür kaufen? … Es ist schröcklich.«

Freudiger Schreck war mir in die Beine gefahren, daß ich mich auf die breite Ottomane setzen mußte, die unter der schiefen Dachwand stand.

»Können Sie mir nicht – sagen wir: hundert Mark pumpen –?« platzte ich heraus.

Wie Sonnenschein flogs über sein edles Antlitz, und sofort griff er zu einem blauen Büchlein.

»Wegen hundert Mark schreib' ich gar nicht erst einen Scheck«, sagte er nett, wohlwollend, befriedigt über meine Gefälligkeit. »Sagen wir zweihundert Mark.«

Kritzelte, riß ein Blatt aus dem Büchelchen, reichte es mir und entließ mich mit bedeutend erhobner Stimme:

»Und nun gehen Sie, und verzehren Sie den Mammon in Gesundheit!«

Hoch erhobenen Hauptes mit jenem elastischen Schritt, wie er nach Zeitungsberichten ganz besonders Fürstlichkeiten eigen ist, mit dem Stöckchen Terzen in die Luft schlagend, ein Liedlein vor mich hin trällernd, flanierte ich über die Königsallee. Ich drückte die Brust jedesmal sehr heraus, sobald ich das Knistern der Scheine in der Tasche hörte.

Nun flugs noch verschiedenes, zur Reise Nötiges eingekauft und heidi, dann »saust der Konrad los«. –

Einen Koffer, das heißt einen anständigen, muß man haben. Weiße Flanellanzüge, zwei Stück, damit man wechseln kann, muß man haben; sie sind kleidsam und in der Hitze angenehm. Gelbe Stiefel muß man haben. Einen Regenkragen, man weiß nie, wie das Wetter wird. Man muß einen Panamahut haben, weil er sich gut zusammenrollen läßt und fast gar keinen Platz im Koffer wegnimmt. Auch ist es gut, wenn man für alle Fälle eine Reiseapotheke mitführt, sie ist ja nicht billig, aber es ist eine nützliche Ausgabe, und man braucht sich, wenn etwas passiert, nachher keine Vorwürfe zu machen.

Eine Hängematte muß man kaufen, obgleich man weiß, daß nirgendwo passende Bäume zu finden sind; sollte man trotzdem das Glück haben, eine Gelegenheit zu ihrer Anbringung zu finden, kommt man doch nicht darin so recht zur Ruhe, da diese teuflischen Dinger stets im entscheidenden Moment umkippen oder reißen. Flanell-Sporthemden muß man haben, die weichen Kragen sind zu angenehm bei der Hitze, und die Troddel vorn am Hals ist so kleidsam.

Zwei Droschken voll Sachen hatte ich eingekauft. Ich war von einem wahnsinnigen Kauftaumel ergriffen, aus dem ich erst wieder zu mir kam, als ich bemerkte, daß mir von meinem schönen, so mühsam erheuchelten Geld noch gerade fünfundachtzig Pfennig übriggeblieben waren.

Ich schrie laut, raufte mir das Haar und den kurz geschnittenen englischen Schnurrbart. Ich trank aus der Reiseapotheke sämtliche Flüssigkeiten. Ich stopfte mir den Mund und die Ohren voll Verbandwatte. Dann zog ich alles, was ich mir gekauft hatte, übereinander an, legte mich in meinen neuen Rohrplattenkoffer und ließ mich bei mir zu Hause auf den Speicher stellen.

Hier stand ich vierzehn Tage, dann erinnerte man sich meiner; außerdem sollte der Koffer gebraucht werden. Ich hatte nur ganz wenig gelitten, sah fast noch wie neu aus.

So obenhin erzählte man mir, daß der Geldbriefträger jeden Tag nach mir gefragt habe. Man habe mich nicht stören wollen, jetzt komme er nicht mehr, das Geld liege zum Abholen auf der Post bereit.

Ich sprang im Hechtsprung aus dem Koffer und rannte zur Post.

Für heute war es natürlich schon zu spät, die Post war geschlossen, »soeben«, wie man mir sagte. Am anderen Morgen war ich zwei Stunden, bevor die Schalter geöffnet wurden, zur Stelle. Als erster stand ich klopfenden Herzens vor dem Schalter mit der Aufschrift: Post-Anweisungen. Die Scheibe aus dickem, geripptem Glas war noch heruntergelassen, so, jetzt war jemand hinter der Scheibe, der irgend etwas tat und Bücher auf und zu machte. Dann war die Gestalt wieder verschwunden. Ich klopfte bescheiden an das Fenster. Aus dem Nebenschalter guckte jemand heraus und rief, das sei ungehörig, Beamte seien auch Menschen. Ich meinte schüchtern, es sei schon eine Viertelstunde über die Zeit. Man könne nicht mehr wie arbeiten, rief irgendeine Stimme von ganz weit her hinter der Schalterwand.

Durch die Unterhaltung mit dem Beamten in Anspruch genommen, hatte ich nicht Obacht gegeben, und es hatten sich Leute vor mich gedrängt, so daß ich nun am Schluß der langen Reihe von Wartenden stand. Fast alle diese Leute davor hatten lange schmale Bücher in der Hand, in welchen dicke Packen von Post-Anweisungen lagen. Der Schalter öffnete sich, eine Hand griff nach dem ersten Buch, und rasselnd schloß sich die Scheibe wieder.

Der Mann, dem man sein Buch weggenommen hatte, packte furchtbar viel Geld aus und baute es auf einem kleinen Tablett sorgsam auf.

Eine gute Stunde war vergangen. Vier Leute waren abgefertigt. Ich war eben einmal weggegangen, um zu sehen, ob vielleicht an einem der übrigen zwölf Schalter noch die Aufschrift »Post-Anweisungen« angebracht sei; an allen war ein Schild »Geschlossen«. Als ich wieder meinen alten Platz einnehmen wollte, standen fünf neuangekommene Leute vor mir, die nun auch noch vor mir darankamen.

Ich fühlte, wie mein Bart und Haupthaar wuchs, wie meine Kleidung langsam unmodern wurde. Ich hatte mich schon mit dem Gedanken vertraut gemacht, den Rest meiner Tage hier zu verbringen oder nur als Mummelgreis mit langem Turnvater-Jahn-Bart zu meinem Geld zu kommen, als ich mich plötzlich vor dem geöffneten Schalterfenster befand. Ich stammelte mein Begehr, nannte meinen Namen, die Namen meiner sämtlichen Familienangehörigen, die mit dem betreffenden Briefträger gesprochen hatten, gab vor lauter Angst mein Alter an und erging mich in Details. Der Beamte sagte gar nichts weiter als: »Der Folgende«.

Man schob mich unsanft vom Schalter weg und schimpfte hinter mir her. Ich fing an zu weinen.

»Sie müssen zur Hauptpost gehen, nur da werden Postanweisungen ausgezahlt«, beriet mich ein Mann. In glühender Dankbarkeit drückte ich ihm die Hand und stürzte zur Hauptpost.

Für heute war es selbstverständlich wieder zu spät, auch am folgenden Tage konnte man mir das Geld noch nicht auszahlen, da ich die erforderlichen Legitimationen nicht vorweisen konnte, – endlich am nächsten Tag zählte ein gütig aussehender Beamter dreihundert Mark in blanken Zwanzigmarkstücken vor mir auf.

Ich nannte den Beamten vor Freude einen Postdirektor, machte viele hundert Male die Kniebeuge, versuchte an einer Laterne die Fahne zu machen, gab in mancherlei seltsamen Bewegungen meinem Jubel Ausdruck.

Heidi, jetzt kann der Konrad sausen.

Im ersten Taumel hatte ich gar nicht darüber nachgedacht, von wem das Geld kam. Ich schaute nach dem Absender auf dem Abschnitt der Anweisung. Der Name eines alten Bekannten war angegeben; auf der Rückseite stand kurz: »Verzeih', daß ich Dir die mir seiner Zeit geliehene Summe nicht schon früher zurückerstattete«. Ich hatte ihm nie etwas gepumpt. Die Tendenz, überhaupt geliehenes Geld zurückzugeben, ließ mir zur Gewißheit werden, daß mein armer Bekannter von einem schweren Gehirnleiden befallen sein mußte. – –

ARTHUR SCHNITZLER

Ein Erfolg

Engelbert Friedmaier, der Sicherheitswachmann Numero siebzehntausendneunhundertzwölf, stand auf Posten zwischen der Kaiser-Josef- und Taborstraße und dachte über sein verfehltes Leben nach. Drei Jahre waren verflossen, seit er als Feldwebel seinen Abschied vom Militär genommen und in das Korps der Sicherheitswache eingetreten war, voll der edelsten Begeisterung für seinen neuen Beruf, von glühendem Eifer erfüllt, für die Ordnung und Sicherheit in der Stadt zu sorgen; ein geliebtes Mädchen, die Tochter des Greißlers Anton Wessely, harrte darauf, von ihm als Gattin heimgeführt zu werden; aber Engelberts Aussichten auf Beförderung waren trüb, ja verzweifelt. Denn diese drei Jahre waren vergangen, ohne daß ihm ein einziger Erfolg geblüht hatte. Ein solcher Fall hatte sich nicht ereignet, seit eine Sicherheitswache in Wien bestand. Engelberts Vorgesetzte hegten Mißtrauen gegen seinen guten Willen, die Kameraden hatten keine Achtung mehr vor ihm, und Kathi, die früher sein Trost in trüben Stunden gewesen war, begann ihn aufs bitterste zu verspotten. Dabei fühlte er sich frei von Schuld. Er hatte kein Glück. Auf tausend Schritt in seinem Umkreis schwiegen alle bösen Triebe. Auf belebten Straßenkreuzungen war er gestanden, wo sonst Dutzende von Kutschern wegen Schnellfahrens, ja günstigenfalls selbst wegen Überfahrens angehalten wurden; er hatte in Feiertagsnächten in der Vorstadt vor verrufenen Lokalen Dienst getan, aus deren Türe schon manche mit dem Ruf herausgestürzt waren: »Ich bin gestochen!« … Ja, er war sogar einmal in eine Straße versetzt worden, wo das Radfahren verboten und wo es seinem Vorgänger gelungen war, an einem berühmt gewordenen Tage siebenundsechzig Zyklisten aufs Kommissariat zu führen – sobald Engelbert Friedmaier den verantwortungsvollen Posten bezog, war alles anders geworden. Die unruhigsten Traber verfielen in einen sanften Schritt, die berüchtigtsten Strizzis gingen friedlich ihres Weges, und die wildesten Radfahrer, die Engelbert klopfenden Herzens von ferne der verbotenen Straße zustürzen sah, stiegen besonnen ab und führten ihr Rad bis zur nächsten Ecke. Engelbert mußte stumm zusehen, wie alle Verordnungen unverletzt und die gesamte Sicherheit ungefährdet blieb. Auch andere kleine Genugtuungen, wie sie seine Kollegen manchmal erlebten, waren ihm stets versagt geblieben. Nie hatte er an einem Fenster eine junge Dame in allzu morgendlicher Toilette erspäht, nie kam es einer Freudenbummlerin der Straße in den

Sinn, sich in seiner Nähe ungebührlich zu benehmen, nie fuhr ein Fiaker mit verdächtig geschlossenen Jalousien an ihm vorbei, nie war es ihm beschieden, nachts auf einem Streifzug durch öffentliche Gärten ein allzu verliebtes Paar zu überraschen. Und auch die großen Anlässe, bei denen so viele seiner Kameraden unvergängliche Lorbeeren pflückten, gingen für ihn klanglos vorüber. Er war einer von den Auserwählten gewesen, die vor dem Parlament standen, als die Sozialistenhorden johlend vorbeizogen, und angestrengt hatte er gelauscht, ob nicht einer von ihnen einen hochverräterischen Ruf oder gar eine Beschimpfung des allverehrten Bürgermeisters auszustoßen wagte … In seiner Nähe verstummten alle, wie von einem guten oder bösen Geist gewarnt. – Ein anderes Mal stand er auf dem Ring unter denen, die beim Einzug eines gekrönten Hauptes Spalier bildeten. Er mußte es mit ansehen, wie zehn Schritte weiter von ihm ein jüngerer Kollege einen harmlosen Spaziergänger, der taub war und keine Ahnung hatte, was man von ihm wollte, wegen Widersetzlichkeit verhaftete – und hinter Engelbert standen die Leute stundenlang wie eine Mauer, drängten nicht, und keiner brach aus der Reihe.

Aber das Schlimmste geschah ihm einmal, als er sich seinem Ziele nahe glaubte; denn gerade da hatte sich der erträumte Erfolg in die bitterste Enttäuschung verwandelt. Es war ein schöner Nachmittag gewesen, wie heute, und Engelbert stand auf Posten in der Rotenturmstraße, als er von weitem einen eleganten Herrn herankommen sah, der ein kleines Mädchen an der Hand führte. Die Kleine schien müde zu sein, der elegante Herr schleppte sie weiter. Sie stürzte zusammen;

der elegante Herr riß sie vom Boden auf; die Kleine weinte, schrie, der elegante Herr schimpfte so laut, daß Engelbert die Worte verstand, die von vielversprechender Unflätigkeit waren. Das Mädchen jammerte: »Mein lieber guter Papa, ich bin ja so müd!« und sank auf die Knie; der elegante Herr hob seinen Stock und schlug das Mädchen auf den Kopf, daß es wie tot zusammensank. Leute liefen herbei, Engelbert eilte strahlenden Auges herzu. Der Fall war besonders glücklich: es war eben die Zeit, da Kindermißhandlungen im Vordergrund des Interesses standen; mit einem Schlage konnte er jetzt der Mann des Tages werden. Was gingen ihn Taxüberschreitungen, kleine Stichverletzungen an? Hier war hoffentlich ein Mord an einem wehrlosen Kinde geschehen, und er war in der Lage einzuschreiten. Mit gewalttätiger Würde bahnte er sich den Weg durch die angestaute Menge ... Aber was sollte er hier erblicken? Die Leute, die er erschüttert zu finden dachte, lachten, der elegante Herr sagte: »Ich erlaube mir, die Herrschaften zu meinem heute abend in den Blumensälen stattfindenden Debüt einzuladen«, und auf dem Boden – lag eine hölzerne Puppe. Noch wollte Engelbert die Sache nicht verloren geben: es konnte sich vielleicht um ein besonders raffiniertes Verbrechen handeln, indem der Mörder das tote Kind als Puppe und sich als Bauchredner ausgab. Aber als Engelbert sich auf ein Knie niederließ und einem hölzernen Kind in die gläsernen Augen starrte, stieg die Heiterkeit aufs höchste. Noch winkte die Möglichkeit, den Bauchredner wegen öffentlichen Mutwillens aufs Kommissariat zu bringen, aber in diesem Augenblick waren zwei Kavallerieoffiziere herbeigetreten und ließen sich wohlgelaunt mit dem Artisten in eine Unterhaltung ein. – Engelbert erkannte in dem einen der Offiziere mit Schrecken einen Erzherzog, fühlte, daß hier nichts mehr für ihn zu holen war, und schlich davon.

Von diesem Tage an zweifelte Engelbert Friedmaier nicht mehr, daß ihn ein tückisches Verhängnis verfolge. Nicht ohne Neid sah er auf manche seiner Kameraden, die strenger waren als die Verordnungen und empfindlicher als die Gesetze, und dumpfe Verlockung erwachte in ihm, diesen Ernsthaftstrebenden nachzueifern. Immer stärker empfand er die beispiellose Ordnung und Sittlichkeit rings um sich, wie einen gegen ihn persönlich gerichteten Hohn, und die ganze Menschheit seines Bezirkes erschien ihm als eine Bande von Verschworenen, die mit ihrer Anständigkeit nichts anderes bezweckten, als ihn zugrunde zu richten.

So stand er auch heute auf seinem Posten mit dem gramvollen Bewußtsein seiner Überflüssigkeit und Lächerlichkeit. – Der Abend nahte, verspätete Spaziergänger nahmen den Weg zum Prater, aus dem verworren der Sonntagslärm zu ihm herüberdrang. Engelbert schritt auf und ab, auf und ab. Manchmal blieb er stehen, sah die Straßen entlang, ließ seine Blicke zum Nordwestbahnhof … zum Praterstern schweifen – und dann ging er wieder auf und ab, auf und ab. Mit einem Male gewahrte er eine bekannte Gestalt, die von der Taborstraße aus immer näher schritt. Es war Katharina, in einem blauen, weißgetupften Foulardkleid mit einem kleinen weißen Strohhut und einem roten Sonnenschirm; immer näher kam sie heran, und Engelbert sah sie lächeln. Sie wußte, daß er hier auf Posten stand … wollte sie ihn besuchen? Er wagte es kaum zu hoffen, denn sie war in der letzten Zeit gar nicht liebenswürdig, machte sich sogar häufig über ihn lustig. Sie kam auf ihn zu. Jetzt merkte er auch, daß etwa zehn Schritte hinter ihr ein junger Mann in einem lichtgrauen Anzug, eine Zigarette im Mund und einen Spazierstock zwischen den Fingern drehend, einherspaziert kam, was übrigens auch ein Zufall sein konnte.

Engelbert, der eben mitten auf der Straße stand, näherte sich dem Trottoir, Katharina bleib vor ihm stehen und sagte, immer mit dem gleichen Lächeln: »Herr Sicherheitswachmann, ich bitt' recht schön, wo ist denn da der Prater?«

»Kathi«, rief er aus, »Kathi, kommst du wirklich zu mir?«

»Aber was fallt Ihnen denn ein, Herr Sicherheitswachmann ... das wär' doch nicht erlaubt! Sie sind ja jetzt im Dienst! Ich komm' nur fragen, wo man da am schnellsten in' Prater kommt.«

Der junge Herr mit dem grauen Anzug und dem Spazierstock war auf dem gegenüberliegenden Trottoir stehen geblieben. Es war auch möglich, daß er auf eine Tramway wartete.

»Kathi«, sagte Engelbert, »schau, es ist ja so lieb von dir ...«

»Was ist denn lieb von mir? Ich hätt' auch ein' andern fragen können, aber weil ich zufällig da vorübergeh' und weil ich sonst vor den Wachleuten so viel Respekt hab' und weil Sie gar so freundlich ausseh'n ... Ja wirklich, Ihnen sieht man doch gleich an, daß Sie noch keinem was 'tan hab'n.«

Um Engelberts Mundwinkel zitterte es leicht. Was wollte sie von ihm? War sie nur hergekommen, um ihn wieder zu quälen? – Eben fuhr eine Pferdebahn vorbei, der graue junge Herr stieg nicht ein. Aber er hatte vielleicht in der anderen Richtung zu tun.

»Warum reden Sie denn nicht, Herr Kommissär« fragte Katharina weiter. »Sind Sie nicht laut Instruktion verpflichtet, den Parteien auf ihre Anfragen in höflicher Form Auskunft zu erteilen?«

»Kathi, ich bitt' dich, frozzel' mich nicht! Schau, ich halt's nimmer aus!«

»Ja«, sagte Katharina, indem sie sich auf die Fußspitzen stellte und gleich wieder fallen ließ, »so muß ich halt einen andern fragen. Ich hab' die Ehre, Herr ...« – »Kathi!«

»Was is denn? Schau'n S' mich doch nicht so bös an, sonst krieg' ich wirklich eine Angst.«

Eine Trambahn fuhr vorbei – in der entgegengesetzten Richtung; der junge Herr stieg nicht ein. Wie festgewurzelt stand er drüben und drehte den Spazierstock. – »Kathi, es geht dir einer nach!«

»Is 's wahr?« Sie wandte den Kopf nach der anderen Seite und betrachtete den jungen Herrn mit einem durchaus nicht unfreundlichen Blick. Der junge Herr schaute offenbar irgendeinem Gegenstand nach, der eben durch die Luft langsam zum Himmel emporflog; vielleicht war es eine Schwalbe, vielleicht eine Fliege, vielleicht ein Luftballon ... jedenfalls konnte Engelbert nichts von alldem sehen.

»Arretieren S' ihn doch, Herr Sicherheitswachmann ... wegen ... Warten S', wenn wir mehr Praxis hätten, wüßten wir bald, wegen was ... Halt, ich hab's schon! ... wegen boshafter Beschädigung fremden Eigentums! ... Also, gehorsamster Diener, Herr Kommissär, ich werd' schon selber in' Prater finden!« – »Kathi!« – »Was denn?« – »Du willst fortgehn?«

»Ja, meinen Sie, ich komm' daher, um Sie in der Wachsamkeit zu stören? Das ging' Ihnen grad noch ab! Adieu!«

Sie entfernte sich von ihm. Er folgte ihr. »Kathi!« rief er, »du bleibst! du bleibst!« – Sie wandte sich um und sah ihn mit großen Augen an.

»Bitt' dich, Kathi, bleib da. So darfst du nicht fortgeh'n. Sag mir, wenigstens ...« – »Was denn?«

»Daß du mich noch gern hast ... ich bitt' dich, Kathi!«

»O nein! da hab' ich eine viel zu große Hochachtung vorm Dienst ... Alsdann auf Wiedersehn – ich geh' in' Prater!« – »Kathi, ist das dein Ernst?«

»Ich werd' mir doch nicht erlauben, mit einem Sicherheitswachmann im Dienst zu spaßen! Freilich ist es mein Ernst! Ich geh' jetzt zum Ringelspiel, dann geh' ich zum Präuscher, dann geh' ich auf die Rutschbahn, dann geh' ich in die verhexte Hutschen, dann schau' ich mir 'n Wurstel an ... Wissen S', Herr Kommissär, einen anderen ...« – »Kathi!«

Er bebte bis in die Fingerspitzen. Der junge Herr gegenüber lehnte am Laternenpfahl und betrachtete seine Schuhe. Kathi nickte ein paarmal mit dem Kopf wie zum Abschied und wandte sich zum Gehen. Engelbert faßte ihre Hand. Kathi starrte ihn an.

»Was fällt dir denn ein?« fragte sie plötzlich ganz ernst.

»Kathi, ich erlaub's nicht! Verstanden? ... Ich erlaub's nicht, daß du in' Prater gehst! Am nächsten Sonntag bin ich dienstfrei, da gehen wir miteinander hin.«

»Aber freilich, dir werden's grad dienstfrei geben! Als

ob sie auf dich einen Tag verzichten könnten ... da ging' ja alles drunter und drüber in Wien, da gäb's ja gar keine Ordnung mehr, da möchten sich ja die Leut schon alles erlauben, wenn sie wüßten, daß der Engelbert Friedmaier dienstfrei is' ... Grüß dich Gott, Engelbert. Im Nachhausegehn schau' ich wieder vorüber, vielleicht bist du unterdessen befördert worden. Servus!«

»Kathi, du gehst nicht in' Prater, oder es geschieht ein Unglück!«

»So laß mich doch aus!« – »Kathi!« sagte er ganz heiser, »wenn du in' Prater gehst, is' es aus – verstehst mich?«

»Is 's wahr, versprichst mir das? Nachher geh' ich aber gleich!« Sie ging. Engelbert blieb einen Augenblick wie gelähmt stehen. Jetzt sah er, wie der junge Herr gegenüber aus seinen Träumen erwachte und, ganz harmlos mit dem Spazierstock schlenkernd, die gleiche Richtung einschlug wie Kathi. In der nächsten Sekunde war Engelbert wieder bei Kathi und faßte ihren Arm ... Sie schrie leise auf. »Ja, aber sag mir einmal, hast d' was 'trunken?«

»Da bleibst!« Er sprach es ganz tonlos, das Weiße seiner Augen wurde rot. – »Laß mich!« sagte Kathi. »Gleich laßt d' mich aus! So was is' mir mein Lebtag noch nicht vorgekommen!«

Er ließ ihren Arm los. »Ich bitt' dich ein letztes Mal ...«

»Ob's d' an Ruh gibst! Aus is', ich geh' in' Prater!« – »Kathi!« – »Du bist ein Aff'!« – »Kathi ... was hast d' g'sagt?«

Sie sah ihn frech an und wiederholte: »Daß du ein Aff' bist!«

Engelbert starrte auf die halb geöffneten Lippen, denen diese Worte entflohen waren. Einen Augenblick war er daran, ihr zu erwidern, die Finger zuckten ihm, und alles schwamm ihm vor den Augen, so daß die Gestalt Kathis sich wie in einen sonderbaren Nebel auflöste und der junge Herr in der Luft zu tanzen schien. Doch im nächsten Augenblick sah er völlig klar, klarer als je vorher, und eine ihm selbst unbegreifliche Ruhe kam über ihn. Er war nicht mehr Engelbert, der Liebhaber. Er war ein Wachmann im Dienst, und vor ihm stand nicht mehr seine angebetete Braut, sondern eine Frauensperson, die ihn beleidigt hatte. Ein irres, aber bedeutendes Lächeln glitt über seine Züge, und mit einer ganz veränderten festen, lauten Stimme, wie sie nie jemand von ihm vernommen, sprach er, indem er dem Mädchen die Hand auf die Schulter legte: »Sie sind verhaftet im Namen des Gesetzes!«

Kathi sah ihn groß an und wußte anfangs nicht, ob sie lachen oder sich ärgern sollte; aber sein Blick und der Klang seiner Rede waren so bestimmt, daß sie an seinem Ernst nicht zweifeln durfte.

»Engelbert, bist du ...« – »Es gibt kein' Engelbert mehr ... ich bin der Herr Sicherheitswachmann!« – Einige Passanten waren stehengeblieben.

»Engelbert«, sagte Kathi leise und sah ihn flehend an.

»Fräulein folgen mir sofort aufs Kommissariat, dort wird man Ihnen lernen, Fräulein, daß ein Sicherheitswachmann kein Aff' ist!«

Andere Spaziergänger blieben stehen. Einer hatte Engelberts Worte gehört und teilte sie den Umstehenden mit; das Staunen in der Runde war grenzenlos.

»Keine Ansammlung!« sagte Engelbert, indem er sich

hoheitsvoll an die Umstehenden wandte. »Ich ersuche, sich sofort zu zerstreuen. Bitte, mir zu folgen, mein Fräulein!«

Kathi starrte ihn an ... sie wußte noch immer nicht, woran sie war.

»Na wird's, Fräulein?« sagte Engelbert. »Vorwärts!«

Mit einer Handbewegung, gegen die es keinen Widerspruch gab, befahl er ihr zu gehen. Die anderen Leute waren abseits getreten und betrachteten die Arretierung des hübschen Mädchens von fern mit ehrerbietiger Scheu.

»Warum arretieren Sie diese Dame?« fragte plötzlich jemand hinter Engelbert. Engelbert sah sich, aufs höchste überrascht, um. Der diese Worte gesprochen, war natürlich der junge Herr im grauen Anzug.

»Was?« fragte Engelbert in einem Ton, der berechtigte Zweifel an dem Verstande des Angeredeten verriet.

»Warum Sie diese Dame arretieren?« wiederholte der junge Herr, indem er Engelbert unsäglich frech anschaute. In Kathis Antlitz drückte sich mindestens eine gewisse Dankbarkeit aus. Engelbert fühlte, daß er nicht auf halbem Wege stehenbleiben konnte.

»Sie kommen auch mit!« rief er aus. »Ich verhafte Sie im Namen des Gesetzes.« – »Ich komme sehr gern mit, lieber Herr Wachmann«, sagte der junge Herr lächelnd.

»Ich bin nicht ihr lieber Herr Wachmann! Vorwärts!«

»Entschuldigen schon«, sagte der junge Herr, »das können Sie nicht entscheiden; ich finde, daß Sie ein lieber Herr Wachmann sind.«

»Schweigen Sie, und folgen Sie mir! Ich bitte doch, sich zu zerstreuen«, wandte er sich an die Menge, die wieder nähergekommen war. »Dies ist ja kein Theater!«

Er ging in der Mitte der Fahrstraße, rechts von ihm Kathi, links der junge Herr. – Ja, nun war es geschehen, nun mußte es vorbei sein mit dem Spott der Kameraden, mit dem Mißtrauen der Vorgesetzten, mit dem Hohn der Geliebten ... ja, auch damit! auch damit! Es war wohl auch mit allem anderen vorbei ... Aber das war gleichgültig, das ging ihn nichts an, das durfte ihn nichts angehen.

Die zwei Verhafteten neben ihm hatten zu sprechen begonnen; er versuchte nicht darauf zu hören, aber es gelang ihm nicht. Der junge Mann sagte: »Fräulein, ich bedaure wirklich sehr, daß ihr Spaziergang eine so unliebsame Unterbrechung erfahren hat.«

Kathi antwortete: »O bitte sehr, mir is' so leid, daß Sie wegen meiner, wegen einer ganz fremden Person ...«

»Ich bitte, Fräulein, selbst wenn ich Ihretwegen viele Jahre schweren Kerker bekommen sollte, es wäre mir nur ein Vergnügen.«

Engelbert mußte dies alles hören und schweigend in ihrer Mitte gehen. Ohne die Gefangenen anzusehen, fühlte er, daß die Blicke der beiden einander noch mehr sagten als ihre Worte; fühlte, wie sich zwischen den beiden, die ein gemeinsames Schicksal aneinanderschmiedete, immer stärkere Beziehungen knüpften, gegen die er machtlos war. Kathi ging so nah neben ihm, daß ihr Kleid ihn streifte. Sie nahten sich dem Kommissariat. Als er das wohlbekannte Haus von ferne sah, fuhr ihm ein verführerischer Gedanke durch den Sinn. Wenn er der ganzen Sache ein Ende machte? Wenn er die beiden frei ließe und Kathi um Verzeihung bäte ...?

Aber er wies diese unwürdige Versuchung gleich wieder von sich, und festen Schrittes trat er mit den beiden Verhafteten über die Schwelle des Polizeigebäudes.

Der Kommissär fragte, ohne aufzublicken: »Um was handelt es sich?«

»Herr Kommissär«, sagte Engelbert, »um Wachebeleidigung und Einmischung in eine Amtshandlung.«

Der Kommissär sah auf. Als er Engelbert gewahrte, zeigte sich ein leichtes Erstaunen auf seinem Gesicht. Dann sagte er freundlich: »Na also!«

Engelbert wußte, daß das schon eine Art von Anerkennung bedeutete, aber fühlte nichts von dem Glück, das er sich seinerzeit bei dem ersten Zeichen einer solchen Zufriedenheit erwartet hatte. Der Kommissär nahm das Nationale auf. »Bitte, Fräulein ...«

»Katharina Wessely, Greißlerstochter, zweiundzwanzig Jahre alt ...«

»Und Sie?«

»Albert Meierling, Mediziner.«

»Also – Wachebeleidigung ... Worin hat diese Wachebeleidigung bestanden?«

»Herr Kommissär«, antwortete der Sicherheitswachmann, »das Fräulein hat mich einen Affen genannt.«

»Schön, schön«, sagte der Kommissär. »Und der junge Mann?«

»Hat sich Bemerkungen über die Arretierung der jungen Dame erlaubt.«

»Schön, schön. Da können wir hier weiter nichts machen. Das gehört ja vors Bezirksgericht. Danke sehr«, wandte er sich an die beiden Häftlinge. »Sie werden seinerzeit die Vorladung bekommen.«

»So können wir gehen?« fragte der junge Mann, und Engelbert sah bei diesem »wir« rot vor den Augen.

»Bitte sehr, wohin Sie wollen«, sagte der freundliche Kommissär.

Kathi warf auf Engelbert einen Blick, als wenn er ihr ein Fremder wäre. Der junge Mann öffnete die Türe und entfernte sich mit dem Mädchen. Engelbert wollte ihnen folgen; da rief ihn der Kommissär an: »Sie, Friedmaier!«

»Herr Kommissär?«

»Ich gratulier' Ihnen. Zeit war's schon. Im übrigen, wie ist denn das Mädel dazugekommen, Sie einen Affen zu nennen?«

»Herr Kommissär, gehorsamst zu melden, es ist nämlich meine Braut.«

Der Kommissär erhob sich von seinem Sitz. »Wie?« Dann sah er Engelbert lang an, klopfte ihm auf die Schulter. »Brav! Das laß ich mir gefallen.«

»Oder vielmehr, es war meine Braut, Herr Kommissär«, sagte Engelbert, indem ihm die Tränen aus den Augen stürzten.

Der Kommissär betrachtete ihn gütig. Dann sagte er: »Also jetzt gehen Sie zurück auf Ihren Posten. Ich werde Sie übrigens zu einer besonderen Belobung empfehlen.«

Engelbert eilte auf die Straße. Er kam eben zurecht, um Kathi und den jungen Mann an der nächsten Ecke in einen Fiaker steigen zu sehen und den jungen Mann dem Kutscher zurufen zu hören: »In' Prater, Hauptallee.«

Die Verhandlung fand ein paar Wochen später statt. Der staatsanwaltschaftliche Funktionär feierte die Manneswürde und Pflichttreue des Wachmannes, der durch keine Art von persönlichen Beziehungen sich hatte abhalten lassen, der Gerechtigkeit ihren Lauf zu lassen. Der Verteidiger brandmarkte den empörenden Versuch, eine Geliebte, deren man überdrüssig geworden war, sich auf amtlichem Wege vom Halse zu schaffen, und sprach die Hoffnung aus, daß sich ein derartiger Macchiavellismus unter den braven Sicherheitswachleuten der Hauptstadt nur vereinzelt vorfinden dürfte. Der staatsanwaltschaftliche Funktionär, unbeirrt, behauptete in seiner Replik, daß die Fundamente des Staates zu wanken begännen, wenn hier nicht ein Exempel statuiert würde. Und so geschah es auch, Kathi wurde zu fünfundzwanzig Gulden Geldstrafe verurteilt, der Mediziner Albert Meierling zu zehn Gulden; er erlegte die Summe für beide. Es war ein schöner Julitag; am selben Abend fuhren wieder beide in den Prater.

Merkwürdig aber ist, daß von diesem Tage an der Bann, der bisher über Engelbert Friedmaier lastete, geschwunden ist. Die bösen Triebe rings um ihn sind erwacht; vorbei ist es in seiner Nähe mit Ordnung und Sittlichkeit, tagtäglich eskortiert er Übeltäter auf die Wachstube, und seine Kameraden sehen bewundernd zu ihm auf. Sie erkennen ihn kaum wieder. Er ist ein harter, grimmiger Mann geworden, und alle Schwüre unbescholtener Leute gelten als verruchte Lügen vor der dunklen Macht seines Diensteides, dem sich Kommissäre und Richter beugen.

PETER BICHSEL

Die Kenner

Ich hätte keinen Vorschlag, sie zu verbessern, aber Flughäfen gehören zum Misslungensten, was sich Menschen gebaut haben. Das liegt nicht an der Unfähigkeit der Menschen, sondern das liegt ganz einfach daran, dass wir mit dem Fliegen nicht fertig werden.

Ich habe nicht nur keinen Vorschlag zur Verbesserung, sondern ich habe nicht einmal eine Kritik an Flughäfen, es scheint so, dass sie funktionieren, und ich bin auch jedes Mal weggekommen und auch wieder angekommen. Aber nirgends so wie in Flughäfen interessiert mich die Meinung späterer Archäologen so sehr. Ich möchte wissen, ob und weshalb sie staunen, wenn sie unsere Flughäfen in zwei- oder dreitausend Jahren ausgraben.

Es scheint so, dass das Fliegen den Hauch des Aussergewöhnlichen behalten wird und nie so selbstverständlich werden wird wie die Eisenbahn oder das Auto.

Es müsste also so sein, dass wir uns nirgends so ungeschickt bewegen wie auf einem Flughafen, weil Flughäfen für uns aussergewöhnlich sind.

Kürzlich habe ich im Flughafen zwei Ungeschickte gesehen. Erst sie haben mich darauf aufmerksam gemacht, wie selten die Ungeschickten hier sind. Ein älteres Ehepaar – etwa so wie man sich Leute vom Land vorstellt –, ich glaube nicht, dass sie Angst hatten, Angst vor dem Fliegen mein ich, aber sie waren ängstlich.

Sie wussten ganz einfach zum voraus, dass sie hier alles falsch machen würden, und das taten sie auch. Sie kamen sich vor wie Eindringlinge in die Welt des Gunter Sachs, und entsprechend wurden sie von den vielen Gunters hier auch angeschaut.

Jedes Reisebüro, jeder Reiseleiter, bestimmt auch der Sohn, der ihnen die Flugkarte geschenkt hatte, jeder hätte ihnen mit Recht gesagt, dass Fliegen gewöhnlich ist und ein Flughafen eine Art Bahnhof und dass sehr viele und eigentlich fast alle Menschen fliegen. Das sagen auch die Fluggesellschaften, und sie bemühen sich auch ein wenig um Menschen, denen es ein bisschen schwerer fällt; aber letztlich ist ihr Geschäft halt dann doch der Duft der grossen weiten Welt – und gerade der Geschäftsmann, der wöchentlich und täglich fliegt, möchte zuallerletzt darauf verzichten. Jedenfalls ist der Ausdruck Jet-Set eine präzise Erfindung, und eigentlich trifft sie den Jet noch genauer als das Set.

Die beiden Alten vermiesten selbst mir anfänglich mein Jet-Set-Gefühl, ich meine die kindische Whisky-und-Welt-Vorstellung, und ich solidarisierte mich mit ihnen erst, als mir auffiel, dass dieselben Blicke der Gunters auch mich trafen, dass ich also offensichtlich auch … Immerhin – und das ärgert mich nachträglich – ich machte alles richtig: ich erhob mich erst beim zweiten Aufruf von meinem Sitz, ich ging langsam und gemessen, ich wusste, was mit meiner Bordkarte geschehen würde, und selbstverständlich kein Fensterplatz.

Die beiden Alten haben Flugzeug und Ziel genauso erreicht wie ich, insofern haben sie also offensichtlich alles richtig gemacht – was machten sie denn falsch? Ganz einfach, sie interessierten sich: sie fragten, fragten noch einmal, erkundigten sich, beachteten die Hinweistafeln, beachteten sie noch einmal, sie gaben ganz einfach zu, dass ihnen die Welt – und nicht nur diese Welt – nicht selbstverständlich ist. Sie waren keine Kenner, keine Connaisseurs. Der Trick, die Welt als langweilig zu nehmen, ist ihnen unbekannt, sie haben ihr Verhalten nicht im Kino gelernt.

Das ist es wohl, was Flughäfen als so misslungen erscheinen lässt. Weil es Orte sind für Menschen, die so tun, als wäre ihnen alles selbstverständlich, die einen Whisky bestellen, wie wenn sie keinen möchten, für die Abflug und Ankunft dasselbe ist, die jeden für einen hoffnungslosen Anfänger halten, der beim Abflug zum Fenster hinausschaut, für Leute, die keine Fragen haben, Orte für Connaisseurs, Orte der blankgeputzten Langeweile.

Ich beneide sie, die beiden Alten. Ich möchte gerne so wie sie. Aber das ist nicht mehr rückgängig zu machen, dass ich Whiskymarken kenne und sogar weiss, dass Maltwhisky was ganz Besonderes ist und Bourbon was anderes, dass ich von chinesischer Küche zwar nichts verstehe und trotzdem nicht allzulang in der Karte rumlese und ja keine Fragen stelle. Ich verstehe etwas von Wein, Herkunft und Jahrgängen, und etwas von Tabakpfeifen und von Tabaken, und ich kenne nicht nur die Gerichte, die meine Mutter gekocht hat. Es erschüttert mich nicht, in der Eisenbahn Erste Klasse zu fahren – und ich habe das alles wirklich nicht gewollt, und es hat mich alles auch anfänglich sehr überrascht.

Dabei ist das alles noch gar nicht so lange her. Es ist mir erst seit kurzem selbstverständlich, der Whisky, die Erste Klasse, die Kenntnisse über Wein und Tabak. Ich war zweiunddreissig, als ich zum ersten Mal dabei war, als ein teurer alter Wein »Zapfen« hatte. Ich hatte zwar vorher schon gehört, dass es das gibt, aber nie geglaubt, dass jemand den Mut hätte – oder die Selbstverständlichkeit –, es festzustellen.

Inzwischen gelingt mir das auch, und ich möchte gern darauf verzichten. Ich würde es vorziehen, wenn man roten Wein Rotwein nennen würde und den weissen Weisswein, sich freuen würde, wenn er gut wäre, und wäre er schlecht, würde man sich nicht an bessern erinnern.

Als ich irgendwo in Amerika mal fragte, wie denn diese grossen schwarzen Vögel hiessen, da bekam ich zur Antwort: »Es gibt viele davon.« Ich sagte, ja das wisse ich, aber ich möchte wissen, wie sie heissen: »Wir nennen sie ›black birds‹.« So ist das dort, die schwarzen Vögel heissen eben Schwarze Vögel, und alle Pilze heissen Pilze (Mushrooms), und als ich mich mal nach dem Namen einer Nuss erkundigte, die ich bei uns noch nie gesehen hatte, wurden mir Geschichten über diese Nüsse erzählt, aber wie sie heisst, wussten sie nicht, halt eben Nuss.

Ich hielt es für Gelangweiltheit. Nun, hinterher, bin ich nicht mehr so sicher, ob es nicht Absicht ist, die Dinge nicht zu benennen.

Ich möchte zwar gerne wissen, wie die Berge und die Bäume und die Blumen heissen. Aber dann möchte ich auch wissen, wie der Wein heisst, den ich trinke, und woher er kommt. Und dann möchte ich ihn unterscheiden können. Und dann möchte ich wissen, wie das ist auf einem Flughafen, und das ist so einfach, dass man es gleich schafft, weil man es eigentlich schon kennt, und ohne zu wollen wirst du zum Kenner und erwachst als

Connaisseur und bist eingestiegen in die internationale Langeweile.

Wie gesagt, ich habe keine Vorschläge für Flughäfen. Vielleicht werden sie den kommenden Archäologen ein richtiges Bild von unserem Leben vermitteln, leider.

Vielleicht hat das auch Methode, und irgendwer will, dass wir zu gelangweilten Kennern werden, die sich nichts anmerken lassen.

Übrigens, wenn es nur das wäre, ich fahre stets Zweite Klasse, aber ich kenne die Erste, das ärgert mich, und übrigens, es gibt noch ein paar Dinge, die ich noch nie gegessen habe, es gibt eine grosse Stadt in der Nähe, die ich noch nie gesehen habe – alle wollen, dass ich mal hingehe, und drängen mich; ich wusste bis jetzt nicht, weshalb ich mich grundlos weigerte. Ich möchte eigentlich gern etwas verpasst haben.

CHRISTIAN MORGENSTERN

Das Vermächtnis

Es war um die Zeit, da der Affe zum Menschen wurde. Und am Vorabend seiner Menschwerdung versammelte der Affe noch einmal alle Tiere der Erde um sich, um von ihnen Abschied zu nehmen.

»Morgen will ich Mensch werden«, sprach er wehmütig zu ihnen, »und ihr werdet mich alle verlassen und meiden und ein Kampf wird entstehen zwischen meinem Samen und eurem Samen.«

»Jawohl, ein Kampf!« brüllte der Löwe.

»Du willst mehr werden als wir!« Brummte das Nashorn, »das wirst Du büßen müssen!«

»Das wirst Du büßen müssen!« wiederholte giftig der Floh.

»Lassen wir das!« sagte mit einem Anflug unbeschreiblicher Müdigkeit der Affe, »und feiern wir heute noch ein Fest des Friedens und der Freude miteinander.«

»So sei es!« riefen die Tiere und drängten sich gutmütig und wohlwollend um den scheidenden Bruder und fragten ihn, ob sie ihm nicht noch etwas Liebes tun oder mitgeben könnten.

Da ward dem Affen noch trübseliger zu Mute, und er setzte sich unter eine Palme und fing jämmerlich an zu schluchzen.

Ein tiefes Mitleid ging durch die weichen Tierherzen.

»Wir wollen den Armen trösten!« begann endlich das Schaf und schritt allen voran auf den Weinenden zu.

Lange sah das Schaf dem Affen in die Augen und dann sprach es: »Trage mein Bild stets in Deinem Herzen, so wird es sein, als ob ich mit und in Dir weiterlebte!«

Dem Schaf folgte das Kamel, sah dem Affen tief in die Augen und sagte das gleiche zu ihm.

Und herzu traten der Ochs, der Esel, das Schwein, der Pfau, die Gans, der Tiger, der Wolf, die Hyäne und viele andere Tiere und jedes sah den Affen lange an und sprach feierlich zu ihm: »Trage mein Bild stets in Deiner Seele, so wird es sein, als ob ich mit Dir weiterlebte.«

Die letzten, die herantraten, waren der Löwe, der Adler und die Schlange.

Der Affe konnte vor Abgespanntheit kaum mehr aus den Augen schauen und als die Schlange sich verabschiedet, sank er sofort in Schlaf. Aber wirre und schreckliche Träume ängstigten ihn, und gegen Morgengrauen erhob er sich im Halbschlummer von seinem Lager und tastete sich zur nahen Quelle. Mit Augen, deren Schleier klares Bewusstsein noch nicht zu zerreißen vermochte, blickte er in den Wasserspiegel, der, leicht bewegt, sein Bild wiedergab.

Wie sah er aus! Da schwamm auf zitternden Wellen das Bild des einfältigen Schafes – oder – nein! Es war das hässliche Kamel, das mit arroganten Zügen aus den Wogen ihn anstarrte – –, mit einem Male schien es der blutrünstige Tiger, als den er sich auf den Fluten sah, – und kaum, dass er genauer hinspäht, war es ein Pfau, der ihm sein eitles Rad entgegenschlug.

Endlich brach ein Sonnenstrahl durch die Bäume, und der Affe erwachte aus seinem traumhaften Zustande. Verwundert rieb er sich die Augen und wollte sogleich den nächsten Baumriesen empor, als sein Blick von ungefähr in die Quelle fiel.

Da erkannte er, dass er über Nacht Mensch geworden war. Und Adam zog aus, bis dass er Eva fand und verbreitete sein Geschlecht über die ganze Erde.

Das Vermächtnis aber, dass die Tiere ihrem scheidenden Kollegen mitgegeben haben, wirkt heute noch ungeschwächt unter seinen Nachkommen fort.

GUY DE MAUPASSANT

Der Schmuck

Sie war eines jener hübschen, liebreizenden Mädchen, von denen man meinen sollte, das Schicksal habe sie gleichsam aus Versehen in einer Beamtenfamilie zur Welt kommen lassen. Sie hatte keine Mitgift, keine Aussichten, keinerlei Gelegenheit, Bekanntschaften zu machen, verstanden, geliebt und schließlich von einem reichen und vornehmen Manne geheiratet zu werden; und so ließ sie sich denn von einem Subalternbeamten aus dem Kultusministerium heimführen.

Sie ging schlicht gekleidet, denn sie besaß ja keinen Schmuck; allein sie fühlte sich unglücklich, als sei sie deklassiert. Denn Frauen haben keinen Sinn für Kaste und Rasse – ihnen bedeuten Schönheit, Anmut und Liebreiz dasselbe wie Herkunft und Familie. Ihre Hierarchie wird einzig durch angeborenen Takt, Instinkt für Eleganz und Geschmeidigkeit des Geistes gebildet, und diese sind es, die Mädchen aus dem Volke und Damen von Welt einander gleichmachen.

Sie litt unablässig, denn sie fühlte sich für jede nur erdenkliche Verfeinerung, für jeden Luxus geboren. Sie litt unter der Armseligkeit ihrer Wohnung, den elenden kahlen Wänden, den durchgescheuerten Plüschmöbeln, den häßliche Stoffen. All dieses – eine beliebige andere Frau ihrer Gesellschaftsschicht würde es sicherlich kaum bemerkt haben – quälte und empörte sie. Wenn sie die kleine Bretonin anschaute, die ihr den dürftigen Haushalt führte, stiegen in ihr trostlose Verzweiflung und verworrene Wunschträume auf. Sie träumte von verschwiegenen Gemächern mit schwellenden Orientteppichen und hohen, leuchtenden Bronzekandelabern, von zwei stattlichen Lakaien in Eskarpins, die in der drückenden Hitze des russischen Ofens müde geworden waren und in mächtigen Lehnsesseln schnarchten; sie träumte von geräumigen, mit antikem Brokat ausgeschlagenen Salons, von erlesenen Möbeln, auf denen köstliche Porzellane standen; sie träumte von kleinen, koketten, parfümierten Salons, Räumen, eigens geschaffen für die Five-o'clock-Plaudereien mit den intimsten Freunden, lauter berühmten und begehrten Männern, von denen beachtet zu werden alle Frauen sich neidvoll sehnen.

Wenn sie beim Essen an dem runden Tische mit dem schon drei Tage alten Tischtuch ihrem Manne gegenübersaß, der den Suppenterrinendeckel abhob und mit verklärter Miene schmatzte: »Ja, die gute Hausmannskost! Was Besseres gibt es einfach nicht ...!«, dann träumte sie von vornehmen Tafelrunden, schimmerndem Silber, Gobelins mit altertümlichen Gestalten und fremdartigen Vögeln inmitten eines Märchenwaldes; sie träumte von köstlichen Gerichten, die auf wundervollem Geschirr dargereicht wurden, von geflüsterten Liebenswürdigkeiten, die man mit einem Sphinxlächeln anhörte, während man das rosige Fleisch einer Forelle oder einen Haselhuhnflügel speiste.

Sie nannte weder schicke Kleider noch Juwelen ihr eigen, nichts, gar nichts. Und dabei sehnte sie sich nach nichts anderem; einzig dafür fühlte sie sich geschaffen. Sie hätte so gern gefallen, verführerisch und begehrt erscheinen, beneidet werden mögen.

Sie hatte eine reiche Freundin, eine Mitschülerin vom

Kloster her; aber sie brachte es nicht über sich, sie zu besuchen – es war ihr zu schmerzlich, bei der Heimkehr die eigenen vier Wände wiedersehen zu müssen. Und so weinte sie denn, tagelang, vor Kummer, Gram, Verzweiflung und Enttäuschung.

Nun, eines Abends kam ihr Mann freudestrahlend heim und schwenkte einen großen Briefumschlag.

»Hier«, sagte er, »etwas für dich!«

Hastig riß sie den Umschlag auf und entnahm ihm eine gedruckte Karte, auf der zu lesen stand:

»Der Kultusminister Georges Ramponeau und Frau beehren sich, Herrn und Frau Loisel auf Montag, den 18. Januar, zu einer Abendgesellschaft im Ministerialgebäude einzuladen.«

Anstatt entzückt zu sein, wie ihr Mann gehofft hatte, warf sie die Einladung verdrossen auf den Tisch und murmelte: »Was soll ich denn damit?«

»Aber, liebes Kind, ich meinte, es würde dich freuen. Du gehst niemals aus, und dies ist doch nun wirklich eine schöne Gelegenheit! Es war schwierig genug, eine Karte zu bekommen. Alle wollten sie eine, man riß sich darum, und für Beamte stehen nur ein paar zur Verfügung. Alle offiziellen Größen kannst du dort sehen.«

Gereizt sah sie ihm ins Gesicht, und dann fragte sie mürrisch: »Willst du mir vielleicht sagen, was ich anziehen soll, wenn ich da hingehe?«

Daran hatte er nicht gedacht; er stotterte: »Aber du hast doch dein Theaterkleid. Ich finde es sehr nett …«

Er verstummte, verblüfft und verwirrt. Seine Frau weinte nämlich. Zwei dicke Tränen kollerten langsam aus den Augenwinkeln zu den Mundwinkeln. Er stammelte: »Was hast du denn? Was hast du denn?«

Sie aber riß sich mit grausamer Anstrengung zusammen, schluckte ihr Leid hinunter, wischte sich die feuchten Backen ab und erwiderte ruhig: »Nichts. Ich habe nun mal keine Toilette, und folglich kann ich das Fest da nicht mitmachen. Schenk nur die Karte irgendeinem Kollegen, dessen Frau besser dran ist als ich.«

Er war wie vor den Kopf geschlagen.

»Paß mal auf, Mathilde«, antwortete er, »wieviel könnte denn wohl eine halbwegs anständige Toilette kosten, ein bißchen was Einfacheres, das du auch bei anderen Gelegenheiten tragen könntest?«

Sie besann sich ein paar Sekunden, berechnete sich die Sache und überlegte gleichzeitig, wieviel sie würde fordern können, ohne daß der sparsame Beamte auf der Stelle entsetzt »Nein!« schrie.

Schließlich antwortete sie zögernd: »Ganz genau kann ich das nicht sagen; aber mit vierhundert Franken, meine ich, könnte man schon auskommen.«

Er wurde ein bißchen blaß; denn eben diese Summe hatte er zurückgelegt, um eine Flinte zu kaufen und sich im nächsten Sommer ein paar Jagdpartien zu leisten; sonntags schossen seine Freunde in der Ebene von Nanterre ab und zu Lerchen.

Doch er sagte: »Gut. Vierhundert Franken will ich dir geben. Aber sieh zu, daß du ein recht schönes Kleid bekommst.«

Der Tag des Festes nahte, und Frau Loisel schien traurig, unruhig, beklommen. Und dabei war ihre Balltoilette fix und fertig. Eines Abends fragte ihr Mann: »Was hast du eigentlich? Seit drei Tagen bist du ganz verdreht.«

Und sie antwortete: »Es ärgert mich, daß ich keinen Schmuck habe, kein Geschmeide, nichts, was ich anlegen könnte. So werde ich denn schließlich doch recht dürftig aussehen. Am liebsten ginge ich überhaupt nicht hin.«

Er entgegnete: »Nimm doch einfach frische Blumen. Das ist jetzt modern. Für zehn Franken bekommst du zwei oder drei wunderschöne Rosen.«

Sie war nicht davon abzubringen.

»Nein ... nichts ist blamabler, als zwischen so vielen reichen Frauen armselig auszusehen.«

Aber da rief ihr Mann: »Bist du aber dumm! Geh doch zu deiner Freundin, der Frau Forestier, und bitte sie, dir einiges von ihrem Schmuck zu leihen. Ihr kennt euch doch recht gut, also kannst du es getrost tun.«

Sie jauchzte: »Ja, wahrhaftig! Daran habe ich gar nicht gedacht!«

Am nächsten Tage ging sie zu ihrer Freundin und klagte dieser ihr Leid.

Frau Forestier öffnete einen Spiegelschrank, nahm eine gewichtige Kassette heraus, stellte sie auf den Tisch, schlug den Deckel auf und sagte: »Such dir was aus, Kindchen!«

Zuerst kamen Armreifen, dann ein Perlenhalsband, dann ein venetianisches Kreuz aus Gold und Edelsteinen, ein herrliches Stück. Vor dem Spiegel probierte sie ein Schmuckstück nach dem andern an, unschlüssig, kaum fähig, die Sachen wieder abzulegen, zurückzugeben. Immerfort fragte sie: »Hast du nicht noch was?«

»Natürlich! Sieh nur ordentlich nach. Ich weiß doch nicht, was du gern haben möchtest.«

Plötzlich entdeckte sie in einem schwarzen Atlasetui ein wundervolles Brillantenhalsband; unbändige Begierde ließ ihr Herz heftig pochen. Ihre Hände zitterten, als sie danach langte. Sie legte es sich um, über ihr hochgeschlossenes Kleid, und verharrte in entzückter Selbstbetrachtung.

Dann fragte sie mit stockender Stimme, ganz ängstlich: »Würdest du mir wohl dies hier leihen, nur dies?«

»Aber gewiß doch, natürlich!«

Sie fiel der Freundin um den Hals, küßte sie stürmisch und enteilte alsdann mit dem Schatze.

Der Tag des Festes war gekommen. Frau Loisel gefiel ausnehmend. Sie war die hübscheste von allen, elegant, voller Anmut, lächelnd und toll vor Freude. Alle Herren schauten zu ihr hin, fragten einander, wer sie sei, und wollten ihr vorgestellt werden. Die Attachés baten sie sämtlich um einen Walzer. Sogar dem Minister fiel sie auf.

Sie tanzte trunken, hingegeben, lustberauscht, selbstvergessen, im Triumph ihrer Schönheit, im Leuchtglanz ihres Erfolges, in einer Art Glückswolke, darein sie all diese Huldigungen, dies Bewundertwerden, dies Begehrtwerden hüllte, dieser vollkommene Sieg, der einem Frauenherzen so süß ist.

Gegen vier Uhr morgens rüstete sie zum Aufbruch. Seit Mitternacht schlief ihr Mann in einem abgelegenen Salon, und das gleiche taten drei andere Herren, deren Frauen sich großartig amüsierten.

Er legte ihr den für den Heimweg mitgenommenen Mantel um die Schultern, einen bescheidenen Alltagsmantel, dessen Ärmlichkeit grell von der eleganten Balltoilette abstach. Sie empfand das sogleich und wollte eilig fort, damit die anderen Frauen, die sich in schwere Pelze wickelten, es nicht bemerkten.

Loisel hielt sie fest: »Warte doch! Draußen erkältest du dich nur. Ich will eine Droschke holen.«

Aber sie hörte nicht auf ihn, sondern hastete die Treppe hinab. Auf der Straße war kein Wagen zu bekommen; sie hielten Ausschau und riefen jeden Kutscher an, den sie von weitem vorbeifahren sahen.

Wütend und vor Kälte zitternd gingen sie zur Seine hinab. Am Uferdamm trieben sie denn schließlich eines jener uralten Nachtvehikel auf, die man in Paris nur zu sehen bekommt, wenn es dunkel ist, als ob sie sich schämten, ihre Schäbigkeit tagsüber zur Schau zu stellen.

Sie fuhren bis vor ihre Haustür in der Rue des Martyrs und stiegen mißmutig die Treppe zu ihrer Wohnung hinauf. Nun ist es aus, dachte sie; und ihm fiel ein, daß er um zehn im Ministerium sein müsse.

Vor dem Spiegel legte sie den Mantel ab, den sie um die Schultern getragen hatte, um sich noch einmal in ihrem Glanze zu sehen. Mit einem Male stieß sie einen Schrei aus. Das Halsband war fort.

Ihr schon zur Hälfte ausgezogener Mann fragte: »Was ist denn los?«

Sie drehte sich um und stammelte wie närrisch: »Ich ... ich ... das ... Frau Forestiers Halsband ist weg.«

Entsetzt fuhr er auf: »Was ...? Wieso ...? Das ist ja einfach nicht möglich!«

Und sie sahen in jeder Kleiderfalte, jeder Mantelfalte, in allen Taschen nach. Sie fanden es nicht.

Er fragte: »Hattest du es noch, als wir hinuntergingen?«

»Ja, in der Vorhalle des Ministeriums habe ich noch drangefaßt.«

»Aber wenn du es auf der Straße verloren hättest, würden wir es doch haben hinfallen hören. Also muß es in der Droschke liegen.«

»Ja. Das kann sein. Hast du dir die Nummer gemerkt?«

»Nein. Weißt du sie nicht?«

»Nein.«

Niedergeschmettert sahen sie einander an. Schließlich zog Loisel sich wieder an.

»Ich will«, sagte er, »das Stück, das wir zu Fuß gegangen sind, absuchen; vielleicht finde ich es.«

Und er ging fort. Sie blieb niedergeschlagen auf einem Stuhl sitzen, im Abendkleide; sie fand keine Kraft, sich hinzulegen oder den Kamin anzuzünden; ihr Kopf war ganz leer.

Gegen sieben kam ihr Mann zurück. Er hatte es nicht gefunden.

Er ging zum Fundbureau, zu den Geschäftsstellen der Zeitungen, um eine Belohnung auszuschreiben, zu den Droschkenhaltestellen, überallhin, wohin irgendein Hoffnungsschimmer ihn trieb.

Sie wartete den ganzen Tag, noch immer ganz außer sich über dieses fürchterliche Unglück.

Am Abend kam Loisel heim, verstört und bleich; nichts hatte er ausgerichtet.

»Du mußt deiner Freundin schreiben«, sagte er, »der

Verschluß des Halsbandes sei entzweigegangen, und du hättest es zum Reparieren fortgebracht. Auf diese Weise gewinnen wir Zeit und können uns umtun.«

Sie schrieb. Er diktierte.

Nach einer Woche hatten sie allen Mut verloren.

Und Loisel, der um fünf Jahre gealtert war, erklärte: »Wir müssen daran denken, für das Kleinod Ersatz zu schaffen.«

Am folgenden Tage packten sie das Etui ein, in dem das Halsband gelegen hatte, und gingen damit zu dem Juwelier, dessen Name innen stand. Er schlug in seinen Büchern nach: »Bei mir ist das Halsband nicht gekauft worden, gnädige Frau; nur das Etui habe ich angefertigt.«

Und nun wanderten sie von Juwelier zu Juwelier und suchten nach einem dem verlorenen ähnlichen Stück; sie trachteten, sich vorzustellen, wie es ausgesehen hatte, beide krank vor Sorge und Angst.

In einem Geschäft am Palais Royal stöberten sie schließlich ein Diamantenkollier auf, das dem Gesuchten völlig zu gleichen schien. Es hatte einen Wert von vierzigtausend Franken. Sie sollten es für sechsunddreißigtausend haben.

Sie baten den Juwelier, es innerhalb der nächsten drei Tage nicht zu verkaufen. Und sie bedingten sich aus, daß es für vierunddreißigtausend Franken zurückgenommen werden sollte, wenn das verlorene Halsband vor Ende Februar wiedergefunden würde.

Loisel besaß achtzehntausend Franken, sein väterliches Erbteil. Den Rest galt es zu leihen.

So lieh er denn; diesen bat er um tausend Franken, jenen um fünfhundert, den um hundert, den um sechzig.

Er stellte Wechsel aus, ging gefährliche Verpflichtungen ein, bekam mit Wucherern zu tun, mit allen möglichen Geldverleihern. Er kompromittierte sich bis an sein Lebensende, er gab seine Unterschrift, ohne zu wissen, ob er jemals seine Verpflichtungen würde erfüllen können, und gequält von der Angst um die Zukunft, vor sich das graue Elend, das sich fortan um ihn breiten würde, mit der Aussicht auf eine Unzahl physischer Entbehrungen und Gewissensnöte, erreichte er das rettende Ufer und zählte dem Kaufmann sechsunddreißigtausend Franken auf den Tisch.

Als Frau Loisel das Halsband der Frau Forestier zurückbrachte, sagte diese kühl: »Eigentlich hättest du es schon ein bißchen eher bringen dürfen; schließlich hätte ich es ja doch brauchen können.«

Aber sie machte das Etui nicht auf, wie Frau Loisel gefürchtet hatte. Wenn sie die Unterschiebung bemerkt hätte – was würde sie wohl gedacht haben? Was würde sie gesagt haben? Ob sie sie wohl für eine Diebin gehalten hätte?

Und Frau Loisel lernte das schreckliche Armutsleben kennen. Übrigens nahm sie ihr Schicksal ohne weiteres heroisch auf sich. Diese fürchterliche Schuld mußte eben bezahlt werden. Sie war gewillt, sie zu bezahlen. Das Dienstmädchen wurde entlassen; ein Wohnungswechsel fand statt; nun hausten sie unterm Dach in einer Mansarde.

Sie lernte die grobe Hausarbeit kennen, die ekelhaften Hantierungen in der Küche. Sie wusch Geschirr ab und verletzte sich die rosigen Fingernägel an schmierigen Fettöpfen und verrußten Kasserollenböden. Sie wusch schmutzige Wäsche, Hemden und Lappen und hängte sie zum Trocknen über die Leine; jeden Morgen stellte sie den Dreckeimer auf die Straße und schleppte Wasser nach oben, wobei sie auf jedem Treppenabsatz stehenblieb, um sich zu verschnaufen. Wie eine Frau aus dem Volke ging sie gekleidet, und beim Gemüsehändler, beim Kolonialwarenhändler, beim Bäcker feilschte sie, den Einholkorb am Arm, steckte Grobheiten ein und verteidigte Heller um Heller ihr elendes Geld.

Jeden Monat hieß es Wechsel einlösen, Wechsel prolongieren, um Zeit zu gewinnen.

Abends erledigte der Mann Nebenarbeiten; er brachte die Bücher eines Kaufmanns in Ordnung, und nachts fertigte er bisweilen Abschriften an, für fünf Sous die Seite.

Und dieses Leben währte zehn Jahre.

Nach zehn Jahren hatten sie alles zurückbezahlt, alles, mit Zins und Zinseszins.

Jetzt sah Frau Loisel wie eine Greisin aus. Sie war zu einem grobknochigen, harten, derben Proletarierweibe geworden. Sie frisierte sich schlecht, ihre Röcke saßen schlampig, ihre Hände waren rot, sie sprach schrill und laut und wusch unter beträchtlichem Wasseraufwand die Fußböden auf. Nur manchmal, wenn ihr Mann im Dienst war, setzte sie sich ans Fenster und gedachte jenes Abends, damals, jenes Balles, wo sie so schön gewesen und so sehr gefeiert worden war.

Was würde wohl geschehen sein, wenn sie nicht den Schmuck verloren hätte? Wer weiß? Wer weiß? Wie seltsam, wie wechselvoll ist doch das Leben! Wie wenig gehört dazu, daß wir untergehen oder gerettet werden!

Und als sie eines Sonntags über die Champs-Elysées

ging, um sich von den Plackereien der Woche zu erholen, erblickte sie plötzlich eine Dame, die mit einem Kind spazierenging. Es war Frau Forestier, die noch immer jung, noch immer schön, noch immer verführerisch aussah.

Frau Loisel fühlte es heiß in sich aufsteigen. Sollte sie sie ansprechen? Ja, natürlich. Und nun alles bezahlt war, durfte sie ihr auch die Wahrheit sagen. Warum auch nicht?

Sie ging auf sie zu.

»Guten Tag, Jeanne.«

Die andere erkannte sie ganz und gar nicht und war verdutzt, von dieser vulgären Frau so vertraulich angeredet zu werden. Sie stotterte: »Ja ... aber ... ich weiß nicht ... Sicher irren Sie sich.«

»Nein. Ich bin Mathilde Loisel.«

Die Freundin schrie auf: »Oh, du arme Mathilde, wie furchtbar hast du dich verändert!«

»Ja, ich habe Schweres durchmachen müssen, seit wir uns nicht gesehen haben; und sehr viel Elend ... und alles um deinetwillen ...!«

»Um meinetwillen ...? Wieso?«

»Weißt du noch, das Diamantenhalsband, das du mir geliehen hast, als ich auf das Ministeriumsfest gehen wollte?«

»Ja. Was ist damit?«

»Nun, ich hatte es verloren!«

»Aber du hast es mir ja doch wiedergebracht.«

»Ein anderes habe ich dir gebracht, ein ganz ähnliches. Und zehn Jahre lang haben wir daran abbezahlt. Nicht wahr, du kannst dir denken, daß das nicht leicht für uns gewesen ist; denn wir hatten ja doch nichts ...

Aber jetzt ist alles erledigt, und ich bin heilfroh deswegen.«

Frau Forestier war stehengeblieben.

»Ein Diamantenhalsband hast du gekauft, sagst du, als Ersatz für meins?«

»Ja! Und du hast es nicht einmal bemerkt, haha! Es sah auch genauso aus wie das andere.«

Und sie lächelte stolz und voll naiver Freude.

Aufs äußerste bewegt ergriff Frau Forestier ihre beiden Hände.

»Oh! Arme, liebe Mathilde! Meins war ja doch nur eine Imitation. Höchstens fünfhundert Franken wert ...!«

KARL KRAUS

Das Gerücht

Ich kannte einen Mann, der sah aus wie das Gerücht. Das Gerücht ist grau und hat einen jugendlichen Gang, das Gerücht läuft und braucht dennoch zwanzig Jahre, um aus einem Zimmer ins andere zu kommen, wo es Dinge, die sich schon damals nicht ereignet haben, als Neuigkeiten auftischt. Das Gerücht verdichtet eine Hinrichtung, die abgesagt wurde, mit einer Frühgeburt, die nicht stattgefunden hat, pflanzt einen fremden Tonfall in das Mistbeet eigener Erfindung, hat mit eigenen Augen gehört, was niemand gesehen, und mit fremden Ohren gesehen, was niemand gehört hat. Das Gerücht hat eine profunde Stimme und eine hohe Miene. Es hat

Phantasie ohne Persönlichkeit. Ist es ruhig, so sieht es aus, als ob das Problem der Entstehung der Septuaginta bereits gelöst wäre. Ist es bewegt, so muß man mit einer neuen Version über den bethlehemitischen Kindermord rechnen. Das Gerücht ist der ältere Stiefbruder der Wissenschaft und ein Schwippschwager der Information. Von den Veden bis zu den Kochbüchern ist ihm nichts Unverbürgtes fremd. Das Gerücht, welches nur tote Schriftsteller liebt, lässt auch den zeitgenössischen Autor gelten, sobald er antiquarisch zu haben ist, weil es dann einen Erstdruck mit einem Zweitdruck verwechseln kann. Das Gerücht hat den Humor, der sich aus der Distanz von den Tatsachen ergibt. Es enttäuscht den, der an Gerüchte glaubt, und spielt dem, der an Gerüchte nicht glaubt, gern einen Possen. Es sagt etwas. Verleumdet's, gehe man mit ihm nicht ins Gericht. Es taugt nicht zum Zeugen, es taugt nicht zum Angeklagten. Es leugnet sich selbst. Es weiß allerlei, es sagt noch mehr, aber es ist nicht verlässlich.

OSCAR WILDE

Der Modellmillionär

Ein Vermerk der Bewunderung

Wenn man nicht wohlhabend ist, nützt es einem nichts, ein reizender Kerl zu sein. Romantik ist das Vorrecht des Reichen, nicht das Geschäft des Stellungslosen. Der Arme sollte praktisch und prosaisch sein. Es ist besser, ein ständiges Einkommen zu haben, als bestrickend zu sein. Das sind die großen Wahrheiten des modernen Lebens, die sich Hughie Erskine nie vergegenwärtigte. Armer Hughie! In geistiger Beziehung, das müssen wir zugeben, war er kein großes Licht. Nie in seinem Leben sagte er etwas Brillantes oder auch nur Boshaftes. Aber dafür sah er wundervoll aus mit seinem braunen Kraushaar, seinem klar geschnittenen Profil und seinen grauen Augen. Er war bei Männern ebenso beliebt wie bei Frauen und besaß alle nur erdenklichen Talente außer dem einen, Geld zu verdienen. Sein Vater hatte ihm seinen Kavalleriesäbel und eine ›Geschichte des Spanischen Krieges der Engländer gegen Napoleon I.‹ in fünfzehn Bänden hinterlassen. Das erstgenannte Erbstück hängte Hughie über seinen Spiegel, stellte das zweite in ein Regal zwischen Ruffs Reiseführer und Baileys Magazin und lebte von zweihundert Pfund im Jahr, die ihm eine alte Tante bewilligte. Er hatte alles mögliche versucht. Er war sechs Monate zur Börse gegangen; aber was hatte ein Schmetterling zwischen Hausse-Bullen und Baisse-Bären zu suchen? Ein wenig länger hatte er mit Tee gehandelt, aber Pekoe und Souchong bald satt bekommen. Dann hatte er's mit dem Verkauf von Sherry Extra Trocken versucht. Das klappte nicht, der Sherry war etwas zu trocken. Schließlich wurde er gar nichts, ein entzückender, unfähiger junger Mann mit einem vollendeten Profil und ohne Beruf.

Um die Sache noch schlimmer zu machen, war er verliebt. Das Mädchen, das er liebte, war Laura Merton, die Tochter eines pensionierten Obersten, der seine Gemütsruhe und seine gute Verdauung in Indien verloren und beides nicht wiedergefunden hatte. Laura betete

Hughie an und war bereit, ihm die Schuhbänder zu küssen. Sie waren das hübscheste Paar von London und besaßen zusammen keinen Penny. Der Oberst mochte Hughie sehr gern, wollte aber von einer Verlobung nichts wissen.

›Kommen Sie wieder, mein Junge, wenn Sie zehntausend Pfund Ihr eigen nennen, dann werden wir weitersehen‹, pflegte er zu sagen, und an solchen Tagen blickte Hughie sehr verdrossen drein und mußte bei Laura Trost suchen.

Eines Morgens, als er auf dem Weg nach Holland Park war, wo die Mertons wohnten, schaute er zu Alan Trevor hinein, einem guten Freund von ihm. Trevor war Maler. Das können heutzutage wenige vermeiden. Aber er war auch Künstler, und Künstler sind recht selten. Äußerlich war er ein merkwürdiger, ungehobelter Bursche mit einem Gesicht voller Sommersprossen und einem roten Zottelbart. Aber wenn er den Pinsel zur Hand nahm, war er ein wahrer Meister, und seine Bilder waren eifrig gefragt. Er hatte sich von Anfang an zu Hughie hingezogen gefühlt, und zwar zunächst, das muß gesagt werden, einzig und allein wegen seiner äußeren Reize. ›Die einzigen Leute, mit denen ein Maler verkehren sollte‹, pflegte er zu sagen, ›sind Leute, die dumm und schön sind, Leute, deren Anblick ein künstlerischer Genuß und deren Unterhaltung eine geistige Ruhepause ist. Männer, die Dandys, und Frauen, die Schätzchen sind, regieren die Welt oder sollten es zumindest.‹ Doch als er Hughie besser kennenlernte, mochte er ihn ebensosehr wegen seines frohen, heiteren Gemüts und seines großzügigen, unbekümmerten Wesens und hatte ihm ständigen Zutritt zu seinem Atelier gestattet.

Als Hughie eintrat, sah er Trevor die letzten Pinselstriche an dem wundervollen lebensgroßen Bildnis eines Bettlers ausführen. Der Bettler selbst stand auf einem Podium in einer Ecke des Ateliers. Er war ein vertrockneter alter Mann mit einem Gesicht wie zerknittertes Pergament und einem höchst erbarmungswürdigen Ausdruck. Um seine Schultern hatte er einen großen braunen Mantel geworfen, der nur noch aus Rissen und Fetzen bestand; seine klobigen Stiefel waren notdürftig ausgebessert und geflickt, und mit einer Hand stützte er sich auf einen derben Stock, während die andere einen abgenutzten Hut nach Almosen ausstreckte.

»Welch ein erstaunliches Modell!« flüsterte Hughie, als er seinem Freunde die Hand gab.

»Erstaunliches Modell?« rief Trevor mit seiner lautesten Stimme aus. »Das sollte ich meinen! Solche Bettler wie den trifft man nicht alle Tage. *Une trouvaille, mon cher*, ein lebender Velázquez! Lieber Himmel, welch eine Radierung hätte Rembrandt von ihm gemacht!«

»Armer alter Kerl!« sagte Hughie. »Wie jammervoll er aussieht! Aber für euch Maler ist sein Gesicht vermutlich sein Vermögen?«

»Gewiß«, erwiderte Trevor, »man braucht schließlich keinen Bettler, der glücklich aussieht, nicht wahr?«

»Wieviel bekommt ein Modell für das Sitzen?« fragte Hughie, während er es sich auf dem Diwan bequem machte.

»Einen Shilling die Stunde.«

»Und wieviel bekommst du für das Bild, Alan?«

»Oh, für dies bekomme ich zweitausend.«

»Pfund?«

»Guineen. Maler, Dichter und Ärzte bekommen immer Guineen.«

»Meiner Ansicht nach sollte das Modell Prozente erhalten«, rief Hughie lachend aus. »Sie arbeiten ebensoschwer wie du.«

»Unsinn, barer Unsinn! Denk allein an die Mühe, die Farbe aufzutragen und den ganzen Tag vor der Staffelei zu stehen! Du hast gut reden, Hughie, aber ich versichere dir, es gibt Augenblicke, in denen sich die Kunst fast zu der Würde handwerklicher Arbeit aufschwingt. Aber schwatz jetzt nicht, ich bin sehr beschäftigt. Rauch eine Zigarette und halt den Mund.«

Nach einer Weile kam der Diener und meldete Trevor, daß ihn der Rahmenmacher zu sprechen wünsche.

»Lauf nicht weg, Hughie«, sagte Trevor, als er hinausging, »ich bin gleich wieder da.«

Der alte Bettler benutzte Trevors Abwesenheit, sich ein Weilchen auf einer Holzbank auszuruhen, die hinter ihm stand. Er sah so hilflos und unglücklich aus, daß Hughie Mitleid mit ihm haben mußte und in seinen Taschen kramte, um festzustellen, wieviel Geld er bei sich habe. Alles, was er finden konnte, waren ein Sovereign und ein paar Kupfermünzen. ›Armer Alter‹, dachte er bei sich, ›er braucht das Geld nötiger als ich, aber das bedeutet, daß ich mir vierzehn Tage keinen Hansom leisten kann.‹ Und er ging durch das Atelier und drückte dem Bettler den Sovereign in die Hand. Der alte Mann fuhr zusammen, und ein schwaches Lächeln flog über seine runzligen Lippen. »Vielen Dank, Sir«, sagte er, »vielen Dank.«

Dann kam Trevor, und Hughie verabschiedete sich, ein wenig errötend über das, was er getan hatte. Er verbrachte den Tag mit Laura, wurde auf bezaubernde Weise wegen seiner Verschwendung gescholten und mußte zu Fuß heimgehen.

Am selben Abend schlenderte er gegen elf Uhr in den Paletten-Klub und sah Trevor allein im Rauchzimmer bei Rheinwein und Selters sitzen.

»Nun, Alan, hast du dein Bild fertig?« fragte er, als er seine Zigarette anzündete.

»Fertig und gerahmt, mein Junge!« antwortete Trevor. »Und übrigens hast du eine Eroberung gemacht. Das alte Modell, das du gesehen hast, ist ganz vernarrt in dich. Ich mußte ihm alles von dir erzählen – wer du bist, wo du wohnst, wie hoch dein Einkommen ist, welche Aussichten du hast ...«

»Mein lieber Alan«, rief Hughie, »wahrscheinlich wird der Alte auf mich warten, wenn ich nach Hause gehe. Aber natürlich machst du nur Spaß. Armer alter Teufel! Ich wünschte, ich könnte etwas für ihn tun. Es muß schrecklich sein, wenn man so in Not ist. Ich habe zu Hause einen Haufen alter Kleidungsstücke – meinst du, ihm wäre etwas daran gelegen? Seine Lumpen fallen ja schon in Fetzen.«

»Aber er sieht prachtvoll darin aus«, sagte Trevor. »Um nichts in der Welt würde ich ihn in einem Gehrock malen wollen. Was du Lumpen nennst, nenne ich Romantik. Wo du Armut siehst, sehe ich das Malerische. Immerhin werde ich ihm dein Angebot übermitteln.«

»Alan«, sagte Hughie ernst, »ihr Maler seid ein herzloses Pack.«

»Eines Künstlers Herz ist sein Kopf«, erwiderte Trevor, »und im übrigen ist unser Gewerbe, die Welt anzuerkennen, wie wir sie sehen, nicht die uns bekannte umzuschaffen. *A chacun son métier*. Und nun erzähl mir, wie es Laura geht. Das alte Modell hat sich sehr für sie interessiert.«

»Du willst doch nicht etwa sagen, daß du mit ihm über sie gesprochen hast?« rief Hughie aus.

»Allerdings. Der Alte weiß jetzt alles über den hartherzigen Oberst, die liebreizende Laura und die zehntausend Pfund.«

»Du hast dem alten Bettler meine ganzen Privatangelegenheiten erzählt?« rief Hughie mit hochrotem und ärgerlichem Gesicht. »Mein lieber Junge«, sagte Trevor lächelnd, »der alte Bettler, wie du ihn nennst, ist einer der reichsten Männer Europas. Er könnte morgen ganz London kaufen, ohne sein Konto zu überziehen. In jeder Hauptstadt hat er eine Niederlassung, speist von goldenen Schüsseln und kann, wenn es ihm beliebt, Rußland hindern, Krieg zu führen.«

»Was in aller Welt meinst du damit?« rief Hughie.

»Das, was ich sage«, antwortete Trevor. »Der alte Mann, den du heute im Atelier sahst, ist Baron Hausberg. Er ist ein guter Freund von mir, kauft all meine Bilder und dergleichen und hat mir vor einem Monat den Auftrag gegeben, ihn als Bettler zu malen. *Que voulez-vous? La fantaisie d'un millionaire!* Und ich muß sagen, er nahm sich großartig aus in seinen Lumpen, oder vielleicht sollte ich besser sagen, in meinen Lumpen, denn es war altes Zeug, das ich in Spanien aufgabelte.«

»Baron Hausberg!« schrie Hughie. »Grundgütiger Himmel! Und ich habe ihm einen Sovereign gegeben!« Und – ein Bild der Bestürzung, ließ er sich in einen Sessel fallen.

»Du hast ihm einen Sovereign gegeben?« brüllte Trevor und brach in schallendes Gelächter aus. »Mein lieber Junge, den wirst du nicht wiedersehen. *Son affaire c'est l'argent des autres.*«

»Das hättest du mir aber sagen können, Alan«, bemerkte Hughie verdrossen, »daß ich mich nicht so zum Narren mache.«

»Nun; zunächst, Hughie«, entgegnete Trevor, »ist es mir nie in den Sinn gekommen, daß du herumgehst und auf so leichtsinnige Weise Almosen spendest. Ich kann es verstehen, wenn du ein hübsches Modell küßt, aber einem häßlichen einen Sovereign zu geben – das verstehe ich wahrhaftig nicht! Außerdem war ich an dem Tag wirklich für niemanden zu Hause, und als du kamst, wußte ich nicht, ob es Hausberg recht wäre, wenn sein Name genannt würde. Du weißt, er war nicht gesellschaftsfähig angezogen.«

»Für welch einen Trottel muß er mich halten!« sagte Hughie.

»Durchaus nicht. Er war bester Laune, als du gegangen warst, kicherte dauernd vor sich hin und rieb sich die alten verrunzelten Hände. Ich konnte nicht dahinterkommen, warum er so daran interessiert war, alles über dich zu erfahren, aber jetzt ist mir alles klar. Er wird deinen Sovereign für dich anlegen, dir alle sechs Monate die Zinsen zahlen und hat eine famose Geschichte, die er nach dem Dinner erzählen kann.«

»Ich bin ein Unglücksteufel«, knurrte Hughie. »Am besten gehe ich jetzt zu Bett, und, lieber Alan, du darfst es niemandem erzählen. Ich würde nicht wagen, mein Gesicht in der Rotten-Row sehen zu lassen.«

»Unsinn! Die Sache wirft das beste Licht auf dein menschenfreundliches Gemüt, Hughie. Und lauf nicht weg. Rauch noch eine Zigarette, und du darfst auch soviel von Laura erzählen, wie du magst.«

Dennoch wollte Hughie nicht bleiben, sondern ging heim und fühlte sich sehr unglücklich, als er Alan Trevor verließ, der immer wieder in Lachen ausbrach.

Am nächsten Morgen, als er beim Frühstück saß, brachte ihm der Diener eine Visitenkarte, auf der geschrieben stand: ›Monsieur Gustave Naudin, de la part de M. le Baron Hausberg‹.

›Vermutlich kommt er, um meine Entschuldigung einzuholen‹, sagte sich Hughie und befahl dem Diener, den Besucher heraufzuführen.

Ein alter Herr mit goldener Brille und grauem Haar trat ins Zimmer und sagte mit leicht französischem Akzent: »Habe ich die Ehre, mit Monsieur Erskine zu sprechen?« Hughie verbeugte sich.

»Ich komme von Baron Hausberg«, fuhr er fort. »Der Baron …«

»Ich bitte Sie, Sir, ihm meine aufrichtigste Entschuldigung zu übermitteln«, stammelte Hughie.

»Der Baron«, sagte der alte Herr mit einem Lächeln, »hat mich beauftragt, Ihnen diesen Brief zu übergeben«, und er reichte ihm einen versiegelten Umschlag.

Auf dem Umschlag stand: ›Ein Hochzeitsgeschenk für Hugh Erskine und Laura Merton von einem alten Bettler‹, und drinnen lag ein Scheck über zehntausend Pfund.

Als sie heirateten, war Alan Trevor Brautführer, und der Baron hielt beim Hochzeitsfrühstück eine Rede.

»Millionäre als Modell für ein Bild«, bemerkte Alan, »sind selten genug; aber als Vorbild sind sie wahrhaftig noch seltener!«

Die Feige und der Faulpelz

Eine algerische Legende

In der lässigen und wollüstigen kleinen Stadt Blidah lebte, einige Jahre vor dem Einfall der Franzosen, ein braver Maure mit dem Vatersnamen Sidi Lakdar, den man in der Stadt den Faulpelz nannte.

Ihr wißt, daß die algerischen Mauren die lässigsten und gleichgültigsten Menschen dieser Erde sind, zumal die Bewohner von Blidah. Der betäubende Duft der Orangen und Zitronen, der über der Stadt schwebt, dürfte die Ursache sein. Was aber den Grad der Faulheit und Indolenz betraf, konnte nicht einer im Orte Sidi Lakdar das Wasser reichen. Der würdige Herr hatte sein Laster zur Höhe eines Berufs erhoben. So, wie der eine sich Sticker, der andere sich Kaffeesieder oder Gewürzkrämer nennen kann, so hatte Sidi Lakdar das Recht erworben, sich als Faulpelz zu bezeichnen.

Nach dem Tode seines Vaters hatte er ein unter den Wällen gelegenes Gärtchen geerbt, umgeben von einer weißen Mauer, die am Einstürzen war, und mit einer lose hängenden Pforte, die sich nicht schließen ließ. Im Gärtchen standen einige Feigen- und Bananenbäume, und es rieselten Quellen, die im Grase schimmerten. Dort verbrachte der Faulpelz sein Leben. Unbeweglich und in tiefem Schweigen lag er auf dem Rücken, und es focht ihn nicht an, daß die Ameisen durch seinen Bart krochen. Wenn er Hunger hatte, streckte er den Arm aus und hob eine Feige oder eine Banane, die in erreichbarer Nähe lag, auf. Hätte er aufstehen müssen, um eine

Frucht vom Baume zu pflücken, so hätte er den Hungertod vorgezogen. Deshalb verfaulten die Feigen auch an den Zweigen, und Mengen von Vögeln taten sich daran gütlich.

Diese jedes Maß übersteigende Faulheit hatte Lakdar zu einer Lokalberühmtheit gemacht. Man erwies ihm Respekt wie einem Heiligen. Wenn die Damen der Stadt, die auf dem Friedhof Süßigkeiten genascht hatten, an seinem Gärtchen vorüberkamen, ließen sie die Maultiere im Schritt gehen und flüsterten hinter den weißen Tüchern, die ihr Gesicht verhüllten. Die Männer verneigten sich ehrfürchtig, und nach Schulschluß lagen Jungen in gestreiften Seidenburnussen, mit roten Kappen auf dem Kopf, auf der Mauer und versuchten, den König der Faulpelze aufzurütteln. Sie riefen ihn beim Namen, lachten, trieben Narrenspossen und bewarfen ihn mit Orangenschalen.

Ihre Mühe war vergeblich. Der Faulpelz rührte sich nicht vom Fleck. Von Zeit zu Zeit hörte man ihn rufen: »Gnade euch, wenn ich aufstehe!« Aber er stand niemals auf.

Eines Tages geschah es, daß einer dieser Jungen, die den Faulpelz neckten, gewissermaßen von der Muse geküßt und von jäher Begeisterung für die horizontale Lage erfüllt wurde. Jedenfalls erklärte er eines Tages seinem Vater, er werde nicht mehr zur Schule gehen, sondern sich zum Faulpelz ausbilden.

»Was willst du?« rief der Vater, ein braver Drechsler, der Pfeifenrohre herstellte, fleißig wie eine Biene und beim ersten Hahnenschrei an der Drehbank. »Was? Faulpelz willst du werden? Welche Idee!«

»Ja, Vater, das will ich. Wie Sidi Lakdar.«

»Kommt gar nicht in Frage, mein Junge. Du wirst Drechsler wie dein Vater oder Gerichtsschreiber beim Kadi wie Onkel Ali, aber Faulpelz lasse ich dich nicht werden. Marsch, in die Schule! Oder ich zerschlage das schöne Stück Kirschbaumholz auf deinem Rücken, du kleiner Esel.«

Angesichts des Kirschstockes gab der Junge jeden Protest auf, er tat vielmehr, als habe er sich überzeugen lassen. Statt aber in die Schule zu gehen, betrat er einen maurischen Basar, versteckte sich hinter den Auslagen eines Händlers, kroch zwischen zwei hochstehende Teppichrollen, legte sich auf den Rücken und blieb so den ganzen Tag. Es gab ja allerhand zu sehen: maurische Laternen, Geldbeutel von blauem Tuch, Mieder mit goldenem Einsatz, der im Licht funkelte, und wollene Burnusse. Und über allen Herrlichkeiten schwebte der betäubende Duft verschiedener Essenzen. Auf diese Weise verbrachte der Junge nun die Stunden, in denen er in der Schule sitzen sollte.

Nach einiger Zeit kam der Vater dahinter. Aber er mochte schreien, toben, Allahs Namen mißbrauchen und das Hinterteil seines Sprößlings bearbeiten, womit und wie oft er wollte, nichts half. Der Kleine erwiderte auf alle Erziehungsversuche immer nur mit den Worten: »Ich will ein Faulpelz werden!« Und immer fand man ihn irgendwo auf dem Rücken liegen.

Des Treibens müde, und nach einer Unterredung mit dem Gerichtsschreiber Ali, faßte der Vater einen Entschluß.

»Höre«, sagte er zu dem hoffnungsvollen Knaben, »da du mit aller Gewalt Faulpelz werden willst, werde ich dich zu Lakdar bringen. Er soll dich prüfen, und wenn du wirklich gute Anlagen für sein Fach hast, werde ich ihn bitten, deine Ausbildung zu übernehmen.«

»Damit bin ich einverstanden«, erwiderte das Kind.

Und schon am nächsten Tage begaben sich beide, mit frisch geschorenen Köpfen und nach Wohlgerüchen duftend, auf den Weg zu Lakdar.

Die Pforte stand wie immer offen. Sie traten also, ohne anzuklopfen, ein, aber in dem hoch und dicht wuchernden Unkraut konnten sie den Gesuchten nicht gleich finden. Schließlich entdeckten sie ihn. Er lag unter den Feigenbäumen am Ende des Gärtchens, umschwirrt von Vögeln und halb bedeckt von Blättern, und glich einem Haufen gelber Lumpen, von denen ein brummendes Geräusch zu vernehmen war.

»Der Herr sei mit dir, Sidi Lakdar«, sagte der Vater, sich verneigend und die Hand auf der Brust haltend. »Hier ist mein Sohn, der den Wunsch hat, dir nachzueifern. Ich bringe ihn dir, damit du ihn prüfst und erforschst, ob er ein Berufener ist. Ist er es, bitte ich dich, ihn als Lehrling anzunehmen. Ich bezahle, was es kostet.«

Sidi Lakdar gab ihnen, ohne ein Wort zu sagen, ein Zeichen, das sie aufforderte, sich neben ihn ins Gras zu setzen. Der Vater setzte sich; das Kind aber legte sich hin, was an sich schon ein sehr gutes Zeichen war. Dann sahen die drei einander an, ohne den Mund zu öffnen.

Es war um die Mittagsstunde, leuchtend hell und brütend warm. Das ganze Gärtchen schien zu schlafen. Man hörte nur das leise Knacken der Samenhülsen, die die Sonne zum Springen brachte, das Rieseln der Quellen und die matten Flügelschläge der von Blatt zu

Blatt flatternden Vögel, das wie das Auf- und Zuschlagen eines Fächers klang. Von Zeit zu Zeit löste sich eine reife Feige von ihrem Stiel und fiel, von Zweig zu Zweig hüpfend, nieder. Sidi Lakdar streckte mit müder Bewegung die Hand nach ihr aus und führte sie zum Munde. Das Kind aber machte sich nicht einmal diese Mühe.

Mochten auch die schönsten Früchte neben ihm liegen, so wandte es doch nicht einmal den Kopf nach ihnen um. Der Meister beobachtete mit halb geschlossenen Augen diese unvergleichliche Trägheit, aber er verharrte in seinem Schweigen.

So vergingen einige Stunden. Dem armen Drechsler wurde begreiflicherweise die Zeit lang. Aber er wagte natürlich weder eine Frage noch einen Protest. Er blieb unbeweglich, mit starren Augen und untergeschlagenen Beinen, auf der Stelle sitzen, wohl selbst gebannt von dieser Atmosphäre der Faulheit, die, mit Bananen- und Orangendüften geschwängert, das Gärtchen erfüllte.

Plötzlich fiel eine große Feige auf die Wange des Knaben, eine schöne Feige, süß und duftend wie eine Honigwabe. Sie lag so, daß das Kind sie mit der Fingerspitze in den Mund schieben konnte. Doch diese Anstrengung erschien ihm zu ermüdend. Es blieb bewegungslos liegen, atmete den verführerischen Duft, doch es rührte sich nicht. Nach einer Weile aber konnte es der Versuchung nicht länger widerstehen. Es blinzelte dem Vater zu und sagte mit träger Stimme. »Bitte, steck sie mir in den Mund, Papa.«

Als er die Worte hörte, warf Sidi Lakdar die Feige, die er in der Hand hielt, weit fort und fuhr den Vater zornig an: »Dieses Kind wagst du mir als Lehrling anzubieten? Ich kann von ihm lernen! Es soll mein Lehrmeister sein.«

Dann fiel er vor dem liegenden Knaben auf die Knie, beugte den Kopf zur Erde und sprach: »Ich grüße dich in Ehrfurcht, Vater der Faulheit.«

RICHARD VON VOLKMANN-LEANDER

Der kleine Vogel

Ein Mann und eine Frau wohnten in einem hübschen kleinen Hause, und es fehlte ihnen nichts zu ihrer vollen Glückseligkeit. Hinter dem Hause war ein Garten mit schönen alten Bäumen, in dem die Frau die seltensten Pflanzen und Blumen zog. Eines Tages ging der Mann im Garten spazieren, freute sich über die herrlichen Gerüche, welche die Blumen ausströmten, und dachte bei sich selbst: »Was du doch für ein glücklicher Mensch bist und für eine gute, hübsche, geschickte Frau hast!« Wie er das so bei sich dachte, da bewegte sich etwas zu seinen Füßen.

Der Mann, der sehr kurzsichtig war, bückte sich und entdeckte einen kleinen Vogel, der wahrscheinlich aus dem Neste gefallen war und noch nicht fliegen konnte.

Er hob ihn auf, besah ihn sich und trug ihn zu seiner Frau.

»Herzensfrau«, rief er ihr zu, »ich habe einen kleinen Vogel gefangen; ich glaube, es wird eine Nachtigall!«

»Lieber gar!« antwortete die Frau, ohne den Vogel

auch nur anzusehen; »wie soll eine junge Nachtigall in unseren Garten kommen? Es nisten ja keine alten drin.«

»Du kannst dich darauf verlassen, es ist eine Nachtigall! Übrigens habe ich schon einmal eine in unserem Garten schlagen hören. Das wird herrlich, wenn sie groß wird und zu singen beginnt! Ich höre die Nachtigallen so gern!«

»Es ist doch keine!« wiederholte die Frau, indem sie immer noch nicht aufsah; denn sie war gerade mit ihrem Strickstrumpfe beschäftigt, und es war eine Masche heruntergefallen.

»Doch, doch!« sagte der Mann, »ich sehe es jetzt ganz genau!« und hielt sich den Vogel dicht an die Nase.

Da trat die Frau heran, lachte laut und rief: »Männchen, es ist ja bloß ein Spatz!«

»Frau«, entgegnete hierauf der Mann und wurde schon etwas heftig, »wie kannst du denken, daß ich eine Nachtigall gerade mit dem Allergemeinsten verwechseln werde, was es gibt! Du verstehst gar nichts von Naturgeschichte, und ich habe als Knabe eine Schmetterlings- und eine Käfersammlung gehabt.«

»Aber, Mann, ich bitte dich, hat denn wohl eine Nachtigall einen so breiten Schnabel und einen so dicken Kopf?«

»Jawohl, das hat sie; und es ist eine Nachtigall!«

»Ich sage dir aber, es ist keine; höre doch, wie er piepst!«

»Kleine Nachtigallen piepsen auch.«

Und so ging es fort, bis sie sich ganz ernstlich zankten. Zuletzt ging der Mann ärgerlich aus der Stube und holte einen kleinen Käfig.

»Daß du mir das eklige Tier nicht in die Stube setzt!«

rief ihm die Frau entgegen, als er noch in der Türe stand. »Ich will es nicht haben!«

»Ich werde doch sehen, ob ich noch Herr im Hause bin!« antwortete der Mann, tat den Vogel in den Käfig, ließ Ameiseneier holen und fütterte ihn – und der kleine Vogel ließ sich's gut schmecken.

Beim Abendessen aber saßen der Mann und die Frau jeder an einer Tischecke und sprachen kein Wort miteinander.

Am nächsten Morgen trat die Frau schon ganz früh an das Bett ihres Mannes und sagte ernsthaft: »Lieber Mann, du bist gestern recht unvernünftig und gegen mich sehr unfreundlich gewesen. Ich habe mir eben den kleinen Vogel noch einmal besehen. Es ist ganz sicher ein junger Spatz; erlaube, daß ich ihn fortlasse.«

»Daß du mir die Nachtigall nicht anrührst!« rief der Mann wütend und würdigte seine Frau keines Blickes.

So vergingen vierzehn Tage. Aus dem kleinen Häuschen schienen Glück und Friede auf immer gewichen zu sein. Der Mann brummte, und wenn die Frau nicht brummte, weinte sie. Nur der kleine Vogel wurde bei seinen Ameiseneiern immer größer, und seine Federn wuchsen zusehends, als wenn er bald flügge werden wollte. Er hüpfte im Käfig umher, setzte sich in den Sand auf dem Boden des Käfigs, zog den Kopf ein und plusterte die Federn auf, indem er sich schüttelte, und piepste und piepste – wie ein richtiger junger Spatz. Und jedesmal, wenn er piepste, fuhr es der Frau wie ein Dolchstich durchs Herz. –

Eines Tages war der Mann ausgegangen, und die Frau saß weinend allein im Zimmer und dachte darüber nach, wie glücklich sie doch mit ihrem Manne gelebt habe;

wie vergnügt sie von früh bis zum Abend gewesen seien und wie ihr Mann sie geliebt – und wie nun alles, alles aus sei, seit der verwünschte Vogel ins Haus gekommen.

Plötzlich sprang sie auf, wie jemand, der einen raschen Entschluß faßt, nahm den Vogel aus dem Käfig und ließ ihn zum Fenster in den Garten hinaushüpfen.

Gleich darauf kam der Mann.

»Lieber Mann«, sagte die Frau, indem sie nicht wagte, ihn anzusehen, »es ist ein Unglück passiert; den kleinen Vogel hat die Katze gefressen.«

»Die Katze gefressen?« wiederholte der Mann, indem er starr vor Entsetzen wurde; »die Katze gefressen? Du lügst! Du hast die Nachtigall absichtlich fortgelassen! Das hätte ich dir nie zugetraut. Du bist eine schlechte Frau. Nun ist es für ewig mit unserer Freundschaft aus!« Dabei wurde er ganz blaß, und es traten ihm die Tränen in die Augen.

Wie dies die Frau sah, wurde sie auf einmal inne, daß sie doch ein recht großes Unrecht getan habe, den Vogel fortzulassen, und laut weinend eilte sie in den Garten, um zu sehen, ob sie ihn vielleicht dort noch fände und haschen könnte. Und richtig, mitten auf dem Wege hüpfte und flatterte das Vögelchen; denn es konnte immer noch nicht ordentlich fliegen.

Da stürzte die Frau auf dasselbe zu, um es zu fangen, aber das Vögelchen huschte ins Beet und vom Beet in einen Busch und von diesem wieder unter einen anderen, und die Frau stürzte in ihrer Herzensangst hinter ihm her. Sie zertrat die Beete und Blumen, ohne im geringsten darauf zu achten, und jagte sich wohl eine halbe Stunde lang mit dem Vogel im Garten herum. Endlich erhaschte sie ihn, und purpurrot im Gesicht und mit ganz verwildertem Haar kam sie in die Stube zurück. Ihre Augen funkelten vor Freude, und ihr Herz klopfte heftig.

»Goldner Mann«, sagte sie, »ich habe die Nachtigall wieder gefangen. Sei nicht mehr böse; es war recht häßlich von mir!«

Da sah der Mann seine Frau zum ersten Male wieder freundlich an, und wie er sie ansah, meinte er, daß sie noch nie so hübsch gewesen wäre wie in diesem Augenblicke. Er nahm ihr den kleinen Vogel aus der Hand, hielt ihn sich wieder dicht vor die Nase, besah ihn sich von allen Seiten, schüttelte den Kopf und sagte dann: »Kindchen, du hattest doch recht! Jetzt sehe ich's erst; es ist wirklich nur ein Spatz. Es ist doch merkwürdig, wie sehr man sich täuschen kann.«

»Männchen«, erwiderte die Frau, »du sagst mir das bloß zuliebe. Heute sieht mir der Vogel wirklich selbst ganz wie eine Nachtigall aus.«

»Nein, nein!« fiel ihr der Mann ins Wort, indem er den Vogel noch einmal besah und laut lachte, »es ist ein ganz gewöhnlicher – Gelbschnabel.« Dann gab er seiner Frau einen herzhaften Kuß und fuhr fort: »Trag ihn wieder in den Garten und laß den dummen Spatz, der uns vierzehn Tage lang so unglücklich gemacht hat, fliegen.«

»Nein«, entgegnete die Frau, »das wäre grausam! Er ist noch nicht recht flügge, und die Katze könnte ihn wirklich kriegen. Wir wollen ihn noch einige Tage füttern, bis ihm die Federn noch mehr gewachsen sind, und dann – dann wollen wir ihn fliegen lassen!« –

Die Moral von der Geschichte aber ist: wenn jemand einen Spatz gefangen hat und denkt, es sei eine Nachtigall – sag's ihm beileibe nicht; denn er nimmt's sonst übel, und später wird er's gewiß von selbst merken.

RENÉ GOSCINNY

Bei uns entscheidet Papa

Jedes Jahr – das heißt letztes Jahr und das Jahr davor, denn früher, das ist zu lange her und das weiß ich nicht mehr – also jedes Jahr streiten sich Papa und Mama wie wild, wohin wir im Urlaub fahren sollen, und dann fängt Mama an zu weinen und sagt, sie geht zurück zu ihrer Mutter, und ich muß auch weinen: Ich habe meine Oma sehr lieb, aber bei ihr gibt es keinen Strand. Schließlich fahren wir aber doch dahin, wo Mama hin will, und nicht zur Oma.

Gestern nach dem Abendbrot hat Papa uns ganz streng angeschaut, und er hat gesagt: »Nun hört mal gut zu! In diesem Jahr gibt es keine Diskussionen – ich entscheide! Wir fahren ans Mittelmeer. Ich habe die Anschrift einer Villa in Plage les Pins, die vermietet wird. Drei Zimmer, fließendes Wasser, Elektrizität. Kommt mir ja nicht mit euren Hotels und mit dem schauderhaften Hotelessen ...«

»Sehr schön, mein Lieber«, hat Mama gesagt. »Ich glaube, das ist eine gute Idee.«

»Prima!« habe ich gerufen, und ich bin immer rund um den Tisch gelaufen, nämlich, wenn man sich freut, dann ist es unheimlich schwer, brav auf seinem Platz sitzenzubleiben. Papa, der hat große Augen gemacht, so als ob er sich wundert, und er hat gesagt: »Ach ja? Na gut!«

Mama hat den Tisch abgeräumt und inzwischen hat Papa im Wandschrank seine Taucherbrille gesucht.

»Du wirst sehen, Nick«, hat Papa zu mir gesagt, »wir

werden unwahrscheinliche Unterwasserjagden veranstalten, wir beide.«

Ich habe ein bißchen Angst gehabt, nämlich, ich kann noch nicht so sehr gut schwimmen – wenn jemand mich richtig aufs Wasser legt, kann ich den Toten Mann machen – aber Papa hat gesagt, ich soll mir keine Sorgen machen, er bringt mir das Schwimmen bei, er ist Bezirksmeister im Fahrtenschwimmen gewesen, damals, als er noch jung war und er könnte auch heute noch Rekorde brechen, wenn er nur die Zeit zum Trainieren hätte.

»Papa nimmt mich mit auf Unterwasserjagd«, habe ich gerufen, als Mama wieder aus der Küche kam.

»Sehr schön, mein Kleiner«, hat Mama gesagt. »Ich glaube allerdings, im Mittelmeer sind nicht mehr soviel Fische. Da sind zuviel Angler und Unterwasserjäger.«

»Das ist nicht wahr«, hat Papa gesagt und Mama hat gesagt, er soll ihr nicht widersprechen in Anwesenheit des Jungen und sie weiß, was sie sagt, weil sie es in einer Illustrierten gelesen hat, und dann hat sie ihr Strickzeug genommen – ich weiß nicht, was es ist, aber sie strickt schon seit vielen Tagen daran.

»Mann, da sehen wir ja ganz blöd aus, in voller Ausrüstung unter Wasser und kein Fisch da!« habe ich zu Papa gesagt.

Papa ist gegangen und hat seine Taucherbrille wieder in den Wandschrank gelegt, ohne was zu sagen. Ich war ein bißchen sauer, nämlich das stimmt: ich geh so oft mit Papa zum Angeln, aber nie fangen wir was. Papa ist wiedergekommen und hat seine Zeitung genommen.

»Ja aber –«, habe ich gesagt. »Wo gibt's denn dann eigentlich Fische für die Unterwasserjagd?«

»Frag deine Mutter«, hat Papa geantwortet, »die große Expertin.«

»In der Nordsee, da gibt's welche, mein Kleiner«, hat Mama gesagt.

Ich habe gefragt, ob die Nordsee weit weg ist von der Stelle, wo wir hinfahren, aber Papa hat gesagt, wenn du in der Schule ein bißchen besser aufgepaßt hättest, dann würdest du nicht so dumme Fragen stellen. Und das ist ganz ungerecht, denn wir haben keinen Unterricht in Unterwasserjagd. Aber ich habe nichts gesagt, ich habe schon gesehen, Papa hat keine Lust, zu diskutieren.

»Wir sollten eine Liste vorbereiten und die Sachen aufschreiben, die wir mitnehmen müssen«, hat Mama gesagt.

»Kommt überhaupt nicht in Frage«, hat Papa gerufen. »Ich fahr nicht wieder so in Urlaub wie voriges Jahr – der reinste Möbelwagen! – Badehosen, Shorts, einfache Kleidung, ein paar Wollsachen …«

»… und die Töpfe, die elektrische Kaffeemaschine, die rote Decke und etwas Geschirr …«, hat Mama gesagt.

Papa, der ist aufgesprungen, ganz wütend, er hat den Mund auf- und zugemacht, aber er hat nichts mehr sagen können, das hat Mama schon getan.

»Du weißt noch gut«, hat Mama gesagt, »was die Bleders uns erzählt haben – von der Villa, die sie gemietet haben im vorigen Jahr. Das ganze Geschirr bestand aus drei angeschlagenen Tellern, in der Küche gab es nur zwei kleine Töpfe und einer davon hatte auch noch ein Loch. Sie haben alles, was sie nötig hatten, noch mal kaufen müssen – natürlich zu Wucherpreisen.«

»Ach, Bleder – der hat ja keine Ahnung«, hat Papa gesagt, und er hat sich wieder hingesetzt.

»Kann sein«, hat Mama gesagt, »aber wenn du mal eine Fischsuppe möchtest, die kann ich nicht in einem Topf kochen, der ein Loch hat – ich meine, für den Fall, daß wir tatsächlich mal Fische zu sehen kriegen ...«

Na, da hab ich ein bißchen weinen müssen, ist ja auch wahr, wozu geht man denn ans Meer, wenn's da keine Fische gibt und ganz in der Nähe ist die Nordsee, wo es nur so wimmelt von Fischen. Mama hat ihr Strickzeug fallen lassen, sie hat mich auf den Arm genommen und sie hat gesagt, ich soll nicht traurig sein wegen der dummen Fische und sie hat gesagt, du wirst sehen, wie schön das ist, wenn du am Morgen aufwachst in deinem hübschen Zimmer und du schaust aus dem Fenster und da ist das Meer.

»Na ja«, hat Papa erklärt, »das Meer ... von der Villa aus kann man das Meer nicht sehen, aber es ist nicht weit – nur zwei Kilometer. Es war eben das letzte Sommerhaus, das in Plage les Pins noch frei war.«

»Aber natürlich, mein Lieber, gewiß«, hat Mama gesagt. Dann hat sie mir einen Kuß gegeben und ich habe auf dem Teppich gespielt mit den beiden Glaskugeln, die ich dem Franz in der Schule abgewonnen habe.

»Und der Strand?« hat Mama gefragt. »Steinstrand, wie?«

»Nein, meine Gnädigste, durchaus nicht«, hat Papa ganz stolz gerufen. »Sandstrand – feiner weißer Sand! Und kein einziger Stein, soweit man sehen kann!«

»Na, um so besser«, hat Mama gesagt, »dann kann Nick wenigstens keine Steine übers Wasser flitschen lassen und kann statt dessen was Vernünftiges tun. Seit du ihm das beigebracht hast, ist er wie verrückt danach.«

Ich habe wieder angefangen zu heulen, nämlich, das stimmt, ich lasse gern Steine übers Wasser flitschen und das ist ganz prima; manchmal springen sie schon viermal und es ist ganz gemein, mit mir in eine Villa zu fahren, wo die Töpfe Löcher haben, weit weg vom Meer, wo es keine Steine gibt und keine Fische.

»Ich geh zur Oma!« hab ich geschrien und mit dem Fuß hab ich eine von den Glaskugeln von Franz weggestoßen.

Mama hat mich wieder auf den Arm genommen und sie hat gesagt, ich soll nicht weinen, Papa ist eben derjenige in der Familie, der die Ferien am nötigsten braucht und wenn es da auch nicht so schön ist, wo er hinwill, müssen wir eben mitfahren und so tun, als ob es uns auch gefällt.

»Aber …, aber …, aber …«, hat Papa gesagt.

»Und ich will Steine flitschen lassen!« habe ich gerufen.

»Nächstes Jahr vielleicht«, hat Mama gesagt, »wenn Papa sich für Vlieland entscheidet.«

»Für was?« hat Papa gefragt und hat den Mund aufgemacht.

»Vlieland – vor Holland, wo die Nordsee ist, wo es viele Fische gibt und ein hübsches kleines Hotel, direkt am Strand … Sand- und Steinstrand!«

»Ich will nach Vlieland!« habe ich gerufen. »Ich will nach Vlieland!«

»Du mußt vernünftig sein, mein Kleiner«, hat Mama gesagt. »Hier entscheidet Papa, weißt du!«

»Aha – schon gut, ich habe verstanden«, hat Papa

gesagt. »Und wie heißt es, dein hübsches kleines Hotel?«

»Strandblick, mein Lieber«, hat Mama gesagt.

Papa hat gesagt, in Ordnung, er schreibt hin und fragt, ob noch Zimmer frei sind.

»Nicht nötig, mein Lieber«, hat Mama gesagt. »Ist schon alles erledigt. Wir haben das Zimmer Nr. 29, mit Bad und Blick aufs Meer.«

Und Mama hat gesagt, Papa soll ganz still sitzenbleiben, denn sie muß sehen, ob der Pullover, den sie für ihn strickt, in der Länge schon paßt. Ich glaube, es wird ziemlich kühl abends auf Vlieland.

THEODOR FONTANE

Nach der Sommerfrische

»Wir sind nun also wieder da, Eveline«, sagte der Hofrat Gottgetreu zu seiner Frau, denselben Abend noch, wo beide, nach einem sechswöchentlichen Aufenthalt in Ilmenau, wieder in die Residenz zurückgekehrt waren.

»Wir sind nun also wieder da. Und es ist auch *gut*, daß wir wieder da sind, was ich hier aussprechen darf, ohne mich irgendeiner Undankbarkeit gegen die schönen Wochen schuldig zu machen, die jetzt hinter uns liegen. Ja, schöne Wochen! Ich war ein andrer Mensch, und nicht ein einziges Mal hab' ich von dem herrlichen Kickelhahnkamm in das Waldesmeer und die Waldesruhe niedergeblickt, ohne die Schönheit und Tiefe der dort oben eingerahmten Dichterzeilen an mir selber empfunden zu haben. ›Über allen Gipfeln ist Ruh.‹ Ach, mehr als das; es war mir immer, als ob ich es selber hätte schreiben können. Aber dies mag eine Täuschung sein, und wie mir krankhafter Ehrgeiz überhaupt fremd ist, so noch ganz im besonderen der dichterische. Der meinige, wie du weißt, hält sich innerhalb vorgesteckter und erreichbarer Grenzen. Und ich hoffe, *daß* ich es erreiche. Freilich, all das liegt noch weit hinaus und ist im übrigen nicht das, worüber ich mich heute zu dir aussprechen möchte. Was mich heute beherrscht und erfüllt, ist ausschließlich ein Gefühl des Dankes und der Freude. Denn, um es zu wiederholen, ich war ein andrer Mensch dort oben, eingehender auf deine Wünsche, gerechter gegen deine Vorzüge, vielleicht auch zärtlicher, wenn ich mich dessen rühmen darf.«

Eveline sah vor sich hin.

»Es waren schöne Wochen, und dies Anerkenntnis ist und bleibt unerschüttert. Aber je lebhafter ich dies alles empfinde, je lebhafter empfind' ich auch, wie gut es ist, daß wir wieder da sind. Ich sehne mich nach Arbeit und nach Betätigung einer erneuten Kraft, einer wiederhergestellten Gesundheit, und wenn es mir eine Freude war, die Federn aus der Hand zu legen, so find' ich es eine noch größere fast, sie wieder aufnehmen und einer intensiven und bedeutenden Gedankenreihe, die mittlerweile höheren Orts für das Ganze gedacht wurde, Form und Ausdruck geben zu können. Und an welcher Stelle geschähe das hingebender als an der, der ich anzugehören das Glück und den Vorzug habe. Ja, meine Teure, keinem anderen Zweige der Verwaltung möcht' ich angehören; es ist der einzige, darin noch die Traditionen einer alten und besseren Zeit lebendig sind, ebenso der einzige, mein' ich, an dessen Aufsaugung und Einverleibung von seiten des Fürsten noch nicht gedacht worden ist. Und vielleicht auch, daß er an unserem stillen Widerstande scheitern würde.«

Eveline lächelte.

»Wir sind nun also wieder da, und es ist gut, *daß* wir wieder da sind. Aber so gut es ist, und sosehr ich mich dieser Wiedereinkehr in einen Zustand gewohnter Ordnung und erquicklicher, gesellschaftlicher Gliederung freue, *doch* Eveline, dieser Aufenthalt in Gottes freier Natur, dies stündliche Stahlbad, dieser unausgesetzte Heilungsprozeß in Luft und Licht, all das, mein' ich, darf nicht plötzlich wieder ein Ende haben. Ich will wieder ein bescheidenes Rad sein in der staatlichen Maschine, meinetwegen auch, wie die Malkontenten es ausdrücken, in der Alltagsmühle des Hergebrachten und immer Wiederkehrenden, aber in meinem häuslichen und privaten Leben, wenn du mir ein Ausharren in dem eben zitierten Bilde gestatten willst, möcht' ich nicht *Rad* in der Mühle, sondern ein in einer ewigen frischen Brise gehender Windmühl*flügel* sein. Es ist eben, wie du längst bemerkt haben wirst, ein unbezähmbares Luft- und Bewegungsbedürfnis in diesen letzten Wochen über mich gekommen, und in dieser erfrischenden und mich beglückenden Rotation möcht' ich bleiben, bis die Welle abgelaufen ist.«

»Du willst also, lieber Hermann, wenn ich dich recht verstehe, den Dauerlauf in Permanenz* erklären.«

»Ungefähr das ... Und so gestatte mir denn die Spezifizierung eines Programms, das ich deiner Begutach-

* ohne Unterbrechung

tung beziehungsweise deiner Zustimmung unterbreiten möchte. Denn ohne diese geht es nicht. Eine staatliche Reform läßt sich erzwingen, eine Hausreform aber ermöglicht sich nur auf dem Wege friedlicher Kompromisse.«

»So laß mich hören.«

»Ich fange natürlich mit dem Anfang an. Es muß ein Ende haben mit dem ewigen Morgenschlaf und dem Einmummeln und der ganzen Bärenhäuterei. Nichts mehr von achteinhalb oder neun. Um sechs heraus. Und kein Unterschied, ob Winter oder Sommer, und ein nasses Laken um und scharf abgerieben. Und dann eine starke Bewegung, ein energischer Übungsmarsch.«

»Ohne Frühstück?«

»Ohne Frühstück; ausgenommen ein Glas von unsrem Sprudel. Und dann vorwärts. Und jeder Platz ist gut. Ich denke, wir nehmen Schöneberg, immer an dem Botanischen vorbei, bis Steglitz oder Wilmersdorf. Oder auch den Lehrter Bahnhof. Es muß nur eine freie Stelle sein, an die die Luft heran kann, und ein erfrischender Morgenwind. Und wenn es regnet, ich meine wirklich regnet, so haben wir die Halle mit dem Doppelperron* und sehen, wie der Zug abgeht. Ich sehe nichts lieber als das, und ist mir immer, als reist' ich mit jedem einzelnen mit. Und dann zurück, und dann unser Frühstück, das in solchem Momente wieder einen Ernst und eine Bedeutung gewinnt und jenes Dankesgefühl anregt, das in sich selber einer Andacht nahekommt. Und auch daran liegt mir. Denn ich hab' es satt, Eveline, so beziehungslos zu dem, was doch schließlich immer das Höchste bleibt,

* Bahnsteig für zwei Gleise

in den Tag hineinzuleben. Ich will Stellung nehmen, und wenn es sein muß (aber selbstverständlich ohne mich vorzudrängen), ein Zeugnis ablegen.«

»Und dann?«

»Und dann ins Bureau, freudig und frisch. Und mit dem Kopfweh, denk' ich, soll es vorbei sein. Ein für allemal. Ich bilde mir ein, mich auf Präzisierung eines Gedankens zu verstehn und unter Umständen ein Widerspruchsvolles ins Lichtvolle kleiden zu können; aber es ist doch ein Unterschied, ob man sich am Stabe der Kritik ängstlich zu diesem Lichtpunkte heranfühlt oder ob es Flügel der Morgenröte sind, auf denen wir, wie vom Geiste getragen, unserm Ziele mühelos entgegeneilen. Ich verspreche mir von dem Leben in und mit der Natur ein leichteres und besseres Arbeiten und erinnere mich dabei mit Vorliebe jener allbekannten Zusammenhänge zwischen der physischen und geistigen Welt. An der Frage ›gefrühstückt oder nicht‹ haben mehr als einmal Entscheidungsschlachten gehangen, und ich sehe nicht ein, warum nicht an einem geschehenen oder nichtgeschehenen Morgenspaziergang ein mehr oder weniger klares oder unklares Reskriptum hängen soll. Es gibt ein Gedicht, in dem es immer wiederkehrend heißt: ›Ich fühle so frisch mich, so jung‹; – in dieser Zeile hast du meine Situation. Und so gewiß mir die Konservierung eines solchen Zustandes eine heilige Pflicht ist, so gewiß auch seien diese Thüringer Tage gesegnet, die mir den Weg und die Mittel dazu gezeigt haben. In jener ebenmäßigen Anspannung, die das Leben in der Natur mit sich führt, erfrischt sich unsere Kraft nicht nur, sie steigert sich auch, auch du mußt selbst die Wahrnehmung davon gemacht haben.«

Eveline, die keine Freundin von Reflexionen, aber desto gespannter auf die weiteren Programmeinzelheiten war, entgegnete lediglich: »Und wie denkst du dir unsren Nachmittag?«

»Als eine Kette bescheidener Vergnügungen, wie sie sich für unser Lebensalter und unsere Verhältnisse schicken. Um drei Uhr nach Haus; um dreieinhalb Uhr haben wir abgegessen und nehmen unsren Morgenspaziergang in Gestalt einer kleinen Nachmittagsreise wieder auf.«

»Aber du bist seit Jahren an eine Nachmittagsruhe gewöhnt und wirst müde sein.«

»Ich werde *nicht* müde sein, weil ich nicht müde sein will. Es ist zuletzt alles Sache des Willens; *er* allein regiert, und in nichts zeigt er sich größer als in der Ertötung des natürlichen Triebes. Wohin ich auch den Schlaf rechne. Nebenher aber bekenn' ich dir gerne, bei meiner neuen Entschlußfassung auch eine gewisse Lebensbegehrlichkeit mit zu Rate gezogen zu haben. Es wird dir bekannt sein, daß ein erheblicher Bruchteil aller Schlagflüsse mit dem Nachmittagsschlafe zusammenhängt. Und ist auch das Folgerichtige. Denn es rächt sich jeder Abfall von der Natur und ihrem Gesetz. Die Nacht ist Schlafenszeit und nicht der Tag. Ich entsinne mich einer Stelle bei Shakespeare, wo dieser in einer beträchtlichen Anzahl von Zeilen den Schlaf apostrophiert und den Schiffsjungen beneidet, der im Halbschlummer in den Rahen hängt. Er geht dabei durch alle möglichen und nicht möglichen Situationen und sagt, wie gewöhnlich, unendlich viel Schönes und Großes; aber vom Nachmittagsschlaf sagt er *nichts*. Und warum nicht? Weil der Nachmittagsschlaf ein superfluum ist und ein periculum. Also nichts mehr von ihm. An seine Stelle treten Exkursionen und Partien.«

»Aber wohin?«

»Unter Vermeidung des Tiergartens, in dem der Moder brütet, überallhin, wo Wasser oder Wind ihr Tummelfeld haben. Ich sage Tummelfeld, denn auf das Moment der Bewegung kommt es an. Ein stehendes Wasser ist Tod, ein bewegtes Wasser ist Leben. Also Stralau, Treptow, Eierhäuschen. Am liebsten aber auf die Höhen, ohne Rücksicht ob Tempelhof oder Tivoli. Da hast du Natur und Freiheit und schaust entweder unter dir auf das beherrschte Samos hin oder wendest dich und siehst die Drachen steigen. Und dies ist das schönste. Denn je höher er steigt, und je strammer und unsichtbarer die Strippe wird, desto sicherer sind wir eines Lebens- und Atmungsprozesses in einer reineren und allerreinsten Luft. Und du weißt, wieviel ich dieser Luft verdanke. Sage selbst.«

»Und wielange bleiben wir auf Tivoli?«

»Bis es dunkelt.«

»Es wird dann zu spät sein, um noch etwas vorzunehmen.«

»Aber muß denn etwas vorgenommen werden? Ich bitte dich, Eveline. Hat es denn nicht Zeiten gegeben ohne Konzert und ohne Theater? Ach, meine Teure, das ist ja gerade das Schöne dieser zurückliegenden Tage, daß ich den Weg zur Natur und zur Einfachheit des Daseins zurückgefunden habe. Muß es denn immer wieder ein Czardas* sein? Oder die Neunte Symphonie? Oder das Mysterium, erster und zweiter Tag? Oder gar ein

* ungarischer Tanz

Buffet? Ich bitte dich, Eveline, wenn es etwas gibt, das ich hasse, so ist es der große Lachs auf seinem Paradebett von Petersilie. Nein, nein. Und die vier aufgespießten Krebse wie Schildhalter!«

»Aber du wirst doch, lieber Hermann, unsere Gesellschaften nicht abschaffen wollen? Und auch nicht ein anständiges Abendbrot.«

»Im Gegenteil. Nur glaube mir, es gibt nichts Schwierigeres als eine Feststellung auf diesem Gebiet und die Beantwortung der einfachen Frage: ›Was ist ein anständiges Abendbrot?‹ Ich kenne nur *eins*: eine saure Milch und ein geriebenes Schwarzbrot, nicht zu frisch, aber auch nicht zu alt. Und nun wolle mir nicht einwenden, es gäbe dergleichen nicht mehr. In einer Stadt mit dreißig Kasernen und einer immer vollzähliger werdenden Garde muß sich doch schließlich ein Schwarzbrot auftreiben lassen. Und ich fordere dies geradezu von deiner Liebe. Vor allem aber, und darauf leg' ich den Hauptakzent, brech' ich von heut ab ein für allemal mit dem Tee, diesem undeutschesten aller Getränke, das in seiner harmloseren Gestalt ein absurdes Absud von Hollunder und Johannisbrot, und in seiner perniziösen* Form ein türkisch-orientalischer Haschisch ist, an den ich nicht Lust habe meine wiederhergestellten Nerven zu setzen. Und so resümier' ich denn in aller Kürze: regelmäßiger und an keine Bedingungen geknüpfter Morgenspaziergang, absolute Vermeidung alles Nachmittagsschlafes und Einführung einer sauren oder süßen Milch an Stelle des Tees. Und um neun Uhr zu Bett.«

* Verderben bringenden

Und er erhob sich, um den letzten Punkt seines Programms sofort ins Werk zu setzen.

Und andern Tages auch den Rest.

In aller Frühe war er auf, und da seine Rückkehr aus dem Thüringischen in die Manövertage gefallen war, wo schon um fünf Uhr ein endloses Trommeln und Pfeifen das ganze Stadtquartier aus dem Schlafe rüttelte, so war er nicht bloß in der angenehmen Lage, rasch und mühelos aufstehen, sondern auch den abziehenden Bataillonen eine Stunde lang folgen zu können.

Aber kaum daß die Manövertage vorüber und die fremdherrlichen Offiziere wieder abgereist waren, um daheim ihrer hier geäußerten Bewunderung einige kritische Bemerkungen anfügen zu können, als auch schon das Kaiser-Wilhelms-Wetter umschlug und eine Regensaison einsetzte.

Die Rätin, sosehr sie sonst auf helle Tage hielt, hatte diesem Wechsel, als dem einfachsten und natürlichsten Mittel zur Wiederherstellung eines status quo ante* sehnsüchtig entgegengesehen, aber freilich nur um nachträglich einer allerempfindlichsten Täuschung zu begegnen. Wie die meisten Frauen, hatte sie zwanzig Jahre lang an ihres Mannes Seite gelebt, ohne von seiner Eigenart auch nur annähernd eine richtige Vorstellung gewonnen zu haben. Er war eben ein Charakter. Und dessen sollte sie jetzt gewahr werden.

»Es regnet heute, lieber Hermann. Ich will dich nicht zurückhalten. Aber du solltest wenigstens …«

»… Die Gummischuhe … Nicht wahr? Ich bitte dich, komme mir nicht mit solchen Weichlichkeiten. Außer-

* Zustand wie zuvor

dem ist der Gummischuh, was du nicht zu wissen scheinst, ein sanitätlich überwundener Standpunkt. Es gilt vom Fuße genau dasselbe, was vom ganzen Menschen gilt: er braucht Freiheit und Luft. Einpferchung ist die Brutstätte jeder Krankheit.«

Und so brach er denn auf und ging weit, erst den Asphalt und dann die Chaussee hinunter, bis er ins Freie kam, wo nichts mehr war und nur noch der Sperling auf dem Telegraphendrahte saß und bei des einsamen Wanderers Anblick sagen zu wollen schien: »Ist es möglich?«

In dieser Weise verlief der erste Regentag, und dem ersten folgte der zweite. Wohl unterblieben die Nachmittagspartien, aber in allem andern, insonderheit in der Abendverpflegung, wurde keine Veränderung vorgenommen, und die Milch, die, bei der herrschenden Kälte, nicht Zeit gehabt hatte, ganz zu gerinnen, erschien nach wie vor auf dem Tisch.

»Ungeronnene Milch ...«

»Auch *das* ist ein überwundener Standpunkt«, entgegnete Gottgetreu, während er die Satte* heranzog und es sich schmecken ließ. Oder sich wenigstens das Ansehen davon gab.

Als aber der dritte Regentag zur Rüste ging und der Rat sich wieder an seine Mahlzeit setzte, war es ihm, als ob die Milch ebenso blau sei wie die Satte selbst. Und als er sich nichtsdestoweniger bezwungen und gegessen und den Löffel wieder niedergelegt hatte, sah Eveline, daß er in ein Schwanken kam und immer zuckte.

* Schüssel

»Gott, Hermann, du zuckst ja. Lieber Mann, es ist ja, wie wenn dir der Tod über den Rücken liefe.«

Der so zärtlich und ängstlich zugleich Angesprochene versuchte zu lächeln. Aber seine Kraft war augenscheinlich im Abzug, und er litt es, daß man ihn zu Bette brachte. Kein Wort wurde laut, und während er im Schüttelfroste lag, schrieb Eveline folgende Zeilen an den alten Geheimrat Krukenberg: »Lieber Geheimrat! Ich belästige Sie nicht gern, aber mein Mann ist, fürcht' ich, ernstlich erkrankt. Er kam schwer erkältet hier an und nahm diesen Erkältungszustand für eine Form höherer Gesundheit. Und seitdem hat er sich immer weiter abgehärtet und die Niederlage vorbereitet, die nun da ist. Ach, daß doch die besten Menschen so widerborstig sind. Ich bin recht in Sorge. Darf ich hoffen, Sie morgen mit herankommen zu sehn? Ihre Eveline G.«

Und um die Mittagsstunde fuhr der alte Krukenberg vor, der schon im Hause von Evelinens Eltern als eine damals erst werdende Berühmtheit aus und ein gegangen war und in gnädiger Erinnerung an alte Zeiten eine Vorliebe für die ganze Familie (die Gottgetreus mit eingeschlossen) bewahrt hatte, trotzdem sie mehr oder weniger »außerhalb seiner Sphäre« lag. Und die Rätin nahm ihn beiseit und berichtete kurz und hastig, wie's mit ihrem Manne stände. Denn der alte Krukenberg, obwohl er sich in eigener Person die höchste Weitschweifigkeit gestattete, hielt doch bei seinen Patienten auf einen allerlapidarsten Lapidarstil. Und nun trat er zu dem Kranken selber heran, der in jenem bekannten drusligen Fieberzustande dalag, in dem man Sterne fallen oder durch einen schweren und graugelben Nebel hin allerhand Feuerpferde galoppieren sieht.

»Nun, Gottgetreu. Wie geht es?«

»O gut genug ... Es muß etwas in der Milch gewesen sein ...«

»Allerdings. In der Milch ist immer etwas. Und wäre ja sonst kein Nahrungsmittel. Aber suchen wir die Schuld nicht an falscher Stelle; die Schuld liegt in der Regel an und in uns selber. Ich bitte Sie, Gottgetreu, Sie sind doch nun auch gegen funfzig ...«

»Zweiundfunfzig«, simperte der Angeklagte ziemlich kleinlaut vor sich hin.

»Umso schlimmer. Und anfällig wie Sie sind, mit Ihrer natürlichen Beanlagung für Asthma und Rheumatismus, *Sie* wollen einen alten Turnvater spielen und ohne Halstuch, frisch, fromm und frei, bei Sturm und Regen, in einem wahren Sintflutwetter, auf dem Kurfürstendamm spazierengehn? Oder gar bis Wilmersdorf. Und abends eine Satte saure Milch? Und alles bloß, weil Sie draußen in Thüringen ein paar hustenlose Tage gehabt haben? Es ist zum Lachen. Und nun hören Sie, wenn wir gute Freunde bleiben sollen: es wird morgens wieder ausgeschlafen, je länger, je besser; und danken Sie Gott, daß Sie nicht vor zehn Uhr früh an die Mitregierung des preußischen Staates heranmüssen. Und wenn Sie zwischen drei und vier, wie meine sächsischen Landsleute sagen, wieder ›daheeme‹ sind und sich's haben schmecken lassen – denn Ihre Frau versteht es; das weiß ich noch aus alten Zeiten und aus der Rosenthaler Straße her –, dann legen Sie sich aufs Ohr und gönnen sich den Schlaf und die Ruhe des Gerechten.«

Es schien, daß Gottgetreu replizieren* wollte.

Der alte Geheimrat ließ es aber nicht dazu kommen

* entgegnen

und fuhr in superiorem* Tone fort: »Ich weiß, was Sie sagen wollen. Immer der alte Unsinn von Schlaf und Schlagfluß. Aber die Sache liegt einfach so: die meisten kriegen ihn von zu *wenig*. Und *wenn* ich ihn denn schon kriegen soll, ich meine den Schlagfluß, so krieg' ich ihn lieber mit einem Rückblick auf glücklich ausgeruhte, als mit einem Rückblick auf fieberhaft abgehaspelte Stunden. Und das mit der Milch ist die Torheit in der höchsten Potenz und eigentlich schon ein halbes Verbrechen. Unser Magen ist keine Molkerei, nicht einmal eine Selbelanger**, und der zivilisierte Mensch trinkt abends eine Tasse Tee; das erwärmt ihn und regt ihn an. Und dazu Brot und Fleisch. Oder doch etwas Tödterschen Aufschnitt. Ohne das geht es nicht, und ich sag' Ihnen geradezu, ohne Tödter töten Sie sich.«

In diesem Wortspiele hatte der alte Geheimrat seine gute Laune wiedergefunden und setzte, während er des Kranken Hand nahm, um noch einmal seinen Puls zu fühlen, in freundlicherem Tone hinzu: »Soviel also für die Zukunft und ins Allgemeine. Für den Augenblick aber erbitt' ich mir ein absolutes Stilliegen und immerbishundertzählen und ein dickes Federdeckbett anstelle dieser nichtssagenden Steppdecke. Denn Sie schleppen einen wahren Erkältungsriesen mit sich herum, einen siebenmal aufeinandergetürmten Katarrh. Und der muß erst heraus. Ich kenne die *Sommerfrischlinge*.«

Diese letzten Worte waren eigentlich schon im Vorzimmer gesprochen worden, und Eveline, die dem alten Freunde die Hand drückte, frug ihn ängstlich mit ihren Augen. »Is nichts«, beruhigte dieser. »Aber es war doch

* überlegenem
** Selbelang: Ort im Landkreis Havelland

nötig, ihm den Kopf zu waschen. Er wird sonst rückfällig.«

Und den dritten Tag danach saß der leidlich wiederhergestellte Rat in einem Polsterstuhl am Fenster, ein schottisches Reiseplaid* um die Füße gewickelt. Es war immer noch ein Wetter zum Erbarmen. Eveline las ihm die Zeitung vor und sagte, während sie hinauswies: »Ich denke, Hermann, wir lassen ein Feuer machen. Es ist doch nichts behaglicher als ein warmer Ofen, und eine Lampe mit durchbrochenem Schirm und ein dampfender Teekessel und – Reisepläne für den nächsten Sommer.«

Er aber nickte nur und sagte: »Wie du willst«, und bezeugte durch eine bedingungslose Nachgiebigkeit in diesem und jedem andern Stück, daß das »innere Düppel« einer starken Mannesseele gebrochen war.

URSULA KAYSER

Kleine zauberhafte Formel

Da sind wir nun nach so vielen Jahren zurückgekehrt aus dem südlichen Land, das uns so lange gastfreundlich aufnahm. Natürlich fehlt uns viel. Aber – um es gleich zu sagen – wir haben auch ebensoviel gewonnen.

Es fehlt uns nun doch der strahlend blaue Himmel, obgleich wir ihn dort tagelang nach einer einzigen gnädigen Wolke absuchten. Dafür stehen die Tannen in

* Reisedecke

Grün, und Pferde grasen auf den Weiden. Es fehlt uns das muntere Treiben: das Geschrei der Esel, das unerwartet langgezogen und melancholisch auftönt und mit einem tiefen Seufzer endet, die durchdringenden Ausrufe der Fisch- und Gemüsehändlerinnen, die ihre Waren auf dem Kopf durch die Straßen tragen; der unaufhörliche Austausch der menschlichen Kleinigkeiten von Haustür zu Haustür, Fenster zu Fenster und Wäscheleine zu Wäscheleine. Dafür sind wir aufgenommen in einen kühlen und schweigsamen Arbeitsrhythmus, der am Morgen auf Fahrrädern beginnt und am Abend ebenso endet. Und es ist gar nicht ausgemacht, welche Lebensform berechtigter ist.

Ja, aber wirklich fehlen uns zwei ganz kleine Worte, und für die gibt es keinen Ersatz. Wir setzen sie noch heute, hilflos mit den Schultern zuckend, an die Stelle, wo wir gewohnt waren, sie zu gebrauchen. Wir murmeln sie – möglichst unverständlich – vor uns hin, um den Eindruck zu erwecken, daß es vielleicht doch deutsche Worte sind: »com licença« murmeln wir. Man sieht uns einen Augenblick verständnislos an und wendet sich dann wieder eigenen Gedanken zu.

Com licença: man spricht die beiden Worte mit einem nasalierten o und e zwischen zwei scharfen s für die beiden c, und wir haben Jahre dazu gebraucht, sie so weit abzunutzen, daß eigentlich nur noch die beiden scharfen s übrigblieben. Sie begleiten das portugiesische Leben vom Morgen zum Abend wie ein fortgesetztes sanftes Zischen.

Bedenken Sie: eine Straßenbahn kommt angefahren. Sie ist voll – und die Elektrischen Lissabons sind eigentlich immer voll. Nicht nur, daß man keinen Platz bekommt; nein, darauf hatte man gar nicht zu hoffen gewagt; aber eine dicke Traube von Menschen hängt an dem hinteren Trittbrett, und nur dort darf man einsteigen. Wirklich, es ist ganz unmöglich, daß noch ein Fuß Platz hat. Die Straßenbahn hält auch nur, um einen einzelnen Fahrgast vorne herauszuschleusen. »Com licença« oder »s – s« sage ich: man lächelt, ein leichtes Schieben, Rücken; ein Fuß von mir ist auf dem unteren Trittbrett, ein Arm legt sich als schützende Schranke hinter meinen Rücken zur Haltestange. »Com licença«, lächle ich: auch mein zweiter Fuß ist in die Gemeinschaft der Füße aufgenommen. »Com licença« erbarmt sich nun ein anderer für mich, und ich stehe bereits auf der oberen Plattform. »S – s« sagt der Schaffner zu der gestauten Menge und bahnt sich erfolgreich den Weg zu mir, um den Fahrschein an mich loszuwerden, und mit einem »com licença« schließe ich mich seinem Rückweg an und bin schon im Innern des Wagens. Haben Sie Zweifel, daß »com licença« mir auch noch zu einem Sitzplatz verhelfen wird?

Es ist das »Sesam, öffne dich« der Lissaboner Straßenbahnfahrt und des gesamten portugiesischen Lebens. »Com licença« sagt der Kaufmann im schwarzen Anzug zu der dicken Marktfrau, die zu viel Platz einnimmt, und sie schiebt sich bereitwillig zusammen. Und »com licença« sagt auch der Schaffner, der sich im Dienst eine Zigarette ansteckt, und hat damit die Fahrgäste auf seiner Seite.

Mein Junge, der schon so lange an der Haltestelle auf mich wartet, kann es auch schon ein bißchen. »Com licença« sagt er und nimmt mir meine Tasche ab, obgleich sie ja in Portugal nicht schwer sein darf. Und eigentlich würde es mich nicht einmal wundern, wenn der verflixte kleine Straßenbengel in zerrissenen Hosen – von Schuhen und Strümpfen ganz zu schweigen –, der wieder dort oben im Feigenbaum der Nachbarin stibitzt, sein zweifelhaftes Dasein mit einem »com licença« rechtfertigen würde.

Groß ist die Kraft zweier kleiner Worte. Und es ist gut zu wissen, daß sie auch im Innern des Hauses nichts von ihrer Macht einbüßen werden. Die Hausangestellten werden aufstehen, wenn ich die Küche betrete, und sich nur mit »com licença« wieder setzen, wenn ich das Zeichen gegeben habe. Sie werden die Wohnräume selbst mit dem Kaffeebrett nur mit meiner licença betreten. Noch die Kinder wird man um licença bitten, wenn die Spielsachen fortgenommen und sie selbst in die Badewanne transportiert werden. Und das verpflichtet auf geheime Weise.

Und nach des Tages Unruhe beschließe ich auch noch den späten Abend mit dieser zauberhaften Formel: Meine Gäste haben sich schon verabschiedet und mir so viel Liebenswürdiges gesagt, daß der Schatz meiner Antworten bedenklich zur Neige geht. Nun gehen sie die Treppe hinab. Ich weiß, sie werden sich auf dem letzten Treppenabsatz – eh sie meinen Augen ganz entschwinden – noch einmal umwenden und verneigen. Auch ich grüße dann noch einmal hinunter: »com licença«, sage ich dann, und nun erst schließe ich behutsam die Tür.

Nun – wir sind heimgekehrt. Wir haben uns so oft vergeblich auf dem letzten Treppenabsatz umgedreht – die Tür war schon lange ins Schloß gefallen –, daß wir es uns schon wieder abgewöhnen. Aber wir stehen noch immer unbegreiflich lange in unserer Haustür und schließen sie behutsam mit der licença unserer Gäste, auch wenn die nichts davon ahnen.

Die Kinder toben schon an uns vorbei, von den Schularbeiten zum Spielen, sie rennen uns beinah um. »Sagt doch wenigstens ...« sage ich. »Ja, was denn?« rufen sie von unten zurück. Ich zögere, suche ... Sie sind schon lange davongestoben. Ja, was denn? »Gestatten?« Irgendwo fällt mit einem Klick ein Monokel herunter. »Mit Verlaub?« ... »ich bin so frei«, ergänzt der unsterbliche Wilhelm Busch in uns. »Erlauben Sie mal?« »Na alaubn Se mal«, sagt der Berliner, kurz bevor die Rempelei losgeht, und das ist doch eigentlich nicht der Zweck der Übung. Mit »Pardon« wußte sich eine andere Generation zu helfen: nicht sehr überzeugend, nicht wahr?

Ich zucke die Achseln: »com licença«, sage ich resigniert und schließe die Tür, in der ich noch immer stehe.

Verzeichnis der Autoren und Druckvorlagen

PETER ALTENBERG (1859–1919)

92 P. A.: Sonnenuntergang im Prater. Fünfundfünfzig Prosastücke. Ausw. und Nachw. von Hans Dieter Schäfer. Stuttgart: Reclam, 1968 [u. ö.]. S. 4–6.

PETER BICHSEL (geb. 1935)

121 P. B.: Geschichten zur falschen Zeit. München: Deutscher Taschenbuch Verlag, 1995. S. 159–162. – © 1998 Suhrkamp Verlag, Frankfurt a. M.

WOLFGANG BORCHERT (1921–1947)

53 W. B.: Das Gesamtwerk. Mit einem biogr. Nachw. von Bernhard Meyer-Marwitz. Hamburg: Rowohlt, 1949. S. 285–297. – Auch in: W. B.: Das Gesamtwerk. Hrsg. von Michael Töteberg unter Mitarb. von Irmgard Schindler. Reinbek: Rowohlt, 2007. – © 2007 Rowohlt Verlag GmbH, Reinbek bei Hamburg.

ALPHONSE DAUDET (1840–1897)

150 A. D.: Meistererzählungen. Übers. von Bernhard Jolles. Zürich: Manesse, 1959. S. 213–219. – © 1959 Manesse Verlag, Zürich, in der Verlagsgruppe Random House GmbH, München.

HEIMITO VON DODERER (1896–1966)

94 H. v. D.: Die Erzählungen. Hrsg. von Wendelin Schmidt-Dengler. 3., erw. Aufl. München: Beck, 1995. S. 315–318. – © 1972 Verlag C. H. Beck, München (die erste Auflage ist im Biederstein Verlag erschienen).

THEODOR FONTANE (1819–1898)

165 Aus: Heiteres Darüberstehen. Geschichten und Gedichte zum Vergnügen. Zsgest. von Stephan Koranyi. Stuttgart: Reclam, 2003. S. 106–118.

JOHANN WOLFGANG GOETHE (1749–1832)

69 J. W. G.: Erzählungen. Hrsg. von Hannelore Schlaffer. Stuttgart: Reclam, 1989 [u. ö.]. S. 7–19.

RENÉ GOSCINNY (1926–1977)

160 Der kleine Nick. Achtzehn prima Geschichten vom »Asterix«-Autor Goscinny. Dt. von Hans-Georg Lenzen. Mit vielen Zeichnungen von Sempé. Zürich: Diogenes, 1981. S. 56–63. – © 1974, 2001 Diogenes Verlag AG, Zürich.

E. T. A. HOFFMANN (1776–1822)

82 Aus: Schöne Geschichten! Deutsche Erzählkunst aus zwei Jahrhunderten. Hrsg. von Peter von Matt. Stuttgart: Reclam, 1992 [u. ö.]. S. 105–107.

HUGO VON HOFMANNSTHAL (1874–1929)

38 H. v. H.: Erzählungen. Ausw. und Nachw. von Ursula Renner. Stuttgart: Reclam, 2000. S. 32–37.

URSULA KAYSER (1913–2004)

178 Frankfurter Allgemeine Zeitung. 5. 6. 1953. – Mit Genehmigung von Tilman Kayser, Bonn.

KARL KRAUS (1874–1936)

140 Aus: »Erlaubt ist, was mißfällt«. Karl Kraus zum Vergnügen. Hrsg. von Günter Baumann. Stuttgart: Reclam, 2007. S. 81 f. [Die Überschrift »Das Gerücht« wurde vom Herausgeber formuliert.]

SIEGFRIED LENZ (geb. 1926)

11 S. L.: So zärtlich war Suleyken. Masurische Geschichten. Frankfurt a. M.: S. Fischer, 1972. S. 7–12. – © 1955 Hoffmann und Campe Verlag, Hamburg.

GEORG CHRISTOPH LICHTENBERG (1742–1799)

51 G. Ch. L.: Aphorismen. Ausgew. und eingel. von Friedrich Sengle. Stuttgart: Reclam, 1953 [u. ö.]. S. 109–111. [Die Überschrift »Hexen und Kaffee« wurde vom Herausgeber formuliert.]

GUY DE MAUPASSANT (1850–1893)

128 G. de M.: Der Schmuck. Der Teufel, Der Horla. Übers. von Ernst Sander. Stuttgart: Reclam, 1964 [u. ö.]. S. 3–13. – Mit Genehmigung von Ellen Peter-Sander, Hamburg.

MICHEL DE MONTAIGNE (1533–1592)

22 M. de M.: Die Essais. Ausgew., übers. und eingel. von Arthur Franz. Stuttgart: Reclam, 1969 [u. ö.]. S. 117 f. – © 1953, 1999 Aufbau Verlag GmbH & Co. KG, Berlin (diese Übersetzung erschien erstmals 1953 in der Sammlung Dieterich; Band 137; Sammlung Dieterich ist eine Marke der Aufbau Verlag GmbH & Co. KG).

CHRISTIAN MORGENSTERN (1871–1914)

125 Aus: »Das Mondschaf steht auf weiter Flur«. Morgenstern zum Vergnügen. Hrsg. von Frank Möbus. Stuttgart: Reclam, 2009. S. 23–25.

BLAISE PASCAL (1623–1662)

44 B. P.: Gedanken. Eine Auswahl. Übers., hrsg. und eingel. von Ewald Wasmuth. Stuttgart: Reclam, 1956 [u. ö.]. S. 38–43.

JOACHIM RINGELNATZ (1883–1934)

24 J. R.: Die wilde Miß vom Ohio und andere ungewöhnliche Geschichten. Mit 42 Handzeichnungen von ihm selbst. Berlin: Eulenspiegel, 1977. S. 58–63.

HERMANN HARRY SCHMITZ (1880–1913)

99 H. H. Sch.: Reisen und andere Katastrophen. Hrsg. von Bruno Kehrein und Michael Matzigkeit. Zürich: Haffmans, 1988. S. 91–99.

ARTHUR SCHNITZLER (1862–1931)

106 A. Sch.: Gesammelte Werke. Die erzählenden Schriften. Bd. 1. Frankfurt a. M.: S. Fischer. S. 528–537.

THEODOR STORM (1817–1888)

87 Th. S.: Die Regentrude und andere Märchen. Mit einem Nachw. Stuttgart: Reclam, 1967 [u. ö.]. S. 3–7.

MARTIN SUTER (geb. 1948)

85 M. S.: Business Class. Geschichten aus der Welt des Managements. Zürich: Diogenes, 2000. S. 64–66. –

LUDWIG THOMA (1867–1921)

29 L. Th.: Lausbubengeschichten. Tante Frieda. Mit Ill. von Olaf Gulbransson. Nachw. von Walter Schmitz. Stuttgart: Reclam, 1993 [u. ö.]. S. 91–100.

KURT TUCHOLSKY (1890–1935)

18 K. T.: Gesammelte Werke in 10 Bänden. Hrsg. von Mary Gerold-Tucholsky und Fritz J. Raddatz. Bd. 4: 1925–1926. Reinbek bei Hamburg: Rowohlt, 1975. S. 431–433.

RICHARD VON VOLKMANN-LEANDER (1830–1889)

155 R. v. V.-L.: Träumereien an französischen Kaminen. Märchen. Stuttgart: Reclam, 1950 [u. ö.]. S. 93–96.

OSKAR WILDE (1854–1900)

141 O. W.: Sämtliche Werke in zehn Bänden. Hrsg. von Norbert Kohl. Bd. 2: Märchen und Erzählungen. Übers. von Franz Blei und Christine Hoeppener. Frankfurt a. M.: Insel, 1982. S. 228–234. [Übers. von Christine Hoeppener.] – © 1982 Insel Verlag, Frankfurt am Main.

Reclam zum Vergnügen

»Ich bin eine Katze, wenn ich eine Maus sehe«.
Jane Austen zum Vergnügen.
160 Seiten. UB 18516

»Was man besonders gerne tut, Ist selten ganz besonders gut«.
Wilhelm Busch zum Vergnügen.
155 Seiten. UB 18517

»Stillsitzen kann ich einfach nicht«.
Cicero zum Vergnügen.
183 Seiten. 13 Abb. UB 9652

»Frühling mit Nachtigallen und anderem Zubehör«.
Eichendorff zum Vergnügen.
149 Seiten. 12 Abb. UB 9670

»Alles kommt auf die Beleuchtung an«.
Fontane zum Vergnügen.
179 Seiten. 7 Abb. UB 9317

»Genug von meinen Schweinereien«.
Freud zum Vergnügen.
159 Seiten. 10 Abb. UB 18331

»Ich bin nun, wie ich bin«.
Goethe zum Vergnügen.
176 Seiten. 25 Abb. UB 8752

»Der Liebe Glut, sie geht zum Teufel«.
Heine zum Vergnügen.
167 Seiten. 9 Abb. UB 9630